养育新科学

母婴互动

丛书主编
阳志平

罗植文 王薇
著

0-1岁
婴儿能力
发展关键

机械工业出版社
CHINA MACHINE PRESS

良好的母婴互动对0～1岁婴儿的发展至关重要。婴儿与父母丰富的互动刺激，可以促进婴儿大脑的神经联结，提升婴儿的运动、认知和语言、社会情绪能力发展。本书基于脑与认知科学的基础知识，以2个月的月龄为单位，手把手指导新手父母与0～1岁的婴儿互动；聚焦婴儿智力发展中的重要标志，帮助新手父母快速找到养育重心；重点讨论了婴儿大脑发育过程中不可忽视的压力管理问题，为婴儿的健康发展创造支持性环境。本书还配有26个简单易操作的互动小游戏，适合准父母和养有0～1岁婴儿的新手父母及家人阅读。

图书在版编目（CIP）数据

母婴互动：0～1岁婴儿能力发展关键/罗植文，王薇著. —北京：机械工业出版社，2023.7

（养育新科学/阳志平主编）

ISBN 978-7-111-73193-1

Ⅰ.①母⋯　Ⅱ.①罗⋯ ②王⋯　Ⅲ.①婴幼儿–早期教育　Ⅳ.①G61

中国国家版本馆CIP数据核字（2023）第087566号

机械工业出版社（北京市百万庄大街22号　邮政编码100037）
策划编辑：胡晓阳　　　　　　　责任编辑：胡晓阳
责任校对：郑　婕　卢志坚　　　责任印制：刘　媛
涿州市京南印刷厂印刷
2023年7月第1版第1次印刷
170mm×170mm・6.83印张・72千字
标准书号：ISBN 978-7-111-73193-1
定价：59.00元

电话服务　　　　　　　　　　网络服务
客服电话：010-88361066　　　机 工 官 网：www.cmpbook.com
　　　　　010-88379833　　　机 工 官 博：weibo.com/cmp1952
　　　　　010-68326294　　　金 书 网：www.golden-book.com
封底无防伪标均为盗版　　　机工教育服务网：www.cmpedu.com

丛书总序

2015年,我与一群科学家朋友共同发起成立了儿童早期教育机构爱贝睿。转眼间,已经过去七年了。

七年时间,爱贝睿究竟做了些什么呢?一句话概括,就是专注于为有0~6岁儿童的家庭提供科学循证导向的儿童早期教育产品与服务,具体包括早教计划、早教咨询、早教盒子与早教课程,等等。与众不同的是,爱贝睿成立第一年就陆续签约了数十位来自哈佛大学、耶鲁大学、剑桥大学、牛津大学、清华大学、北京大学等世界名校的脑与认知科学专家和发展心理学与儿童教育专家,将其组建为爱贝睿家长教练团。

在创办爱贝睿的这七年时间里,一个意外收获就是爱贝睿家长教练团创作的"爱贝睿文库"。按照出版先后次序,"爱贝睿文库"目前已经出版了八本书,包括《养育的选择》(作者为陈忻博士),《自主教养》(作者为赵昱鲲博士),《给孩子的未来脑计划》与《魏坤琳的科学养育宝典》(作者为魏坤琳教授),《天才赢在注意力》(作者为黄扬名博士),《儿童英语启蒙》(作者为施乐遥博士),以及团队组织编写的《聪明养育》和《儿童大脑开窍指南》。

出版这些作品于爱贝睿而言,更像是一个无心之举。但它们得到了成千上万爸爸妈妈的厚爱,其中多本入选各大儿童教育类图书榜,豆瓣评分普遍在 8 分以上。

已经出版的八本书,仅仅是过去七年时间里爱贝睿庞大内容库的一小部分。因此,2022 年,我决定将"爱贝睿文库"升级为"养育新科学丛书",并担任丛书主编,为读者呈现更多精彩内容。这就是本套丛书的缘起。

那么,如何理解"养育新科学"的"新"?

新科学

许多传统育儿书要么基于个人经验之谈,要么依据过时的科学研究、理论体系(比如儿童教育领域的"右脑开发")。然而,21 世纪的儿童发展科学研究早已成为认知科学、神经科学、心理科学，以及生物学、语言学、教育学等多个学科共同探讨的庞大领域。关于养育的科学研究主要来源于此，只是许多尚不为人知而已。

"养育新科学"丛书致力于呈现较为新近的研究。举个例子，很多爸妈不知道，为什么有的孩子长大后善于抵制诱惑，没那么容易分心，而有的孩子则延迟满足能力较差，很容易走神。其实这与"执行功能"（executive function，EF）相关。再举个例子，为什么有的孩子长大后更容易理解别人的想法，与他人产生共情，有的孩子则更不容易理解他人的想法？这其实是因为孩子的社会情绪能力与"心理理论"（theory of mind，TOM）相关。

新系统

传统育儿书很少强调将养育看成一个系统，而更多是"头痛医头，脚痛医脚"。很多爸妈没有意识到养育是生理、社会、心理三者相互作用的过程，也没意识到养育行为会受到微观、中观、宏观三大系统的影响，因而不知不觉地塑造了孩子不好的习惯，然后再将孩子不好的习惯标签化——内向、调皮、害羞、脾气不好，等等。

"养育新科学"丛书强调将养育行为看作一个系统，生理、社会、心理三者在其中相互转换与促进。我甚至专门撰写了一本书来讨论如何将系统观应用于育儿。

新场景

新生儿爸妈与 6 岁孩子爸妈关心的话题显然是不同的。不少传统育儿书往往选择不去深究这个难题，而是追求适用于所有年龄段，并涉及所有主题。

在"养育新科学"丛书中，我将作品分为三类。第一类是帮助家长建立关于育儿的整体认知的图书。这类书侧重的是反常识理念与前沿科学研究，帮助各位爸爸妈妈形成正确的科学养育观。第二类是按不同时期或年龄段来划分的图书，比如孕期、0~3 岁、3~6 岁等。这类书侧重的是实操步骤，直接让各位爸爸妈妈在养育时"抄作业"。第三类是按专题来划分的图书，比如认知、语言、情绪、运动，多种多样。这类书侧重的是深度、资源、技术等。当场景细分后，各位爸爸妈妈在阅读时会更容易有的放矢。

新媒体

很多时候，我们觉得一本育儿书让人读不下去是因为文字太多了，如果辅以图、表格、视频或音频，可读性就会大大提升。

"养育新科学"丛书中的绝大多数作品均有配套的课程、视频、音频，以及由获奖设计师精心设计的漫画作品或插图。它们也许能够帮助各位爸爸妈妈更好地消化书中的知识点，将其转化为自己的育儿实践。

七年前，在爱贝睿刚刚成立时，我写下了它的初心：如果每位爸爸妈妈能在孩子的发展早期多掌握一些靠谱的脑科学与儿童心理学知识，那么，孩子的未来就会好上一点点。如今回首，在儿童教育行业纷纷攘攘的七年里，我们守住了初心。长期坚持做正确的事情，这是爱贝睿的价值观。

育儿也是这样的：长期坚持做正确的事情，不争一时快慢。在你的育儿路上，爱贝睿出品的"养育新科学"丛书很高兴能与你同行。

阳志平

爱贝睿联合创始人

心智工具箱公众号作者

前言

俗话说：万事开头难。对于新手父母来说也是如此，升级当父母既是幸福，也是挑战，抚养0~1岁的宝宝是生命中最奇特的经历。宝宝人生的第一年只是吃了拉、拉了睡吗？如果你还停留在这样的认知，那么你将错过宝宝大脑发育的黄金期。0~1岁是宝宝大脑发育最快的阶段之一。研究发现宝宝刚出生时，大脑的重量大约是成年人脑重的25%，3岁时脑重已经达到成年人的80%~85%。不仅如此，在著名儿童心理学家艾莉森·高普尼克看来，每个初生宝宝都是"摇篮里的科学家"，因为宝宝的大脑一出生就"装备"了观察和思考这个世界的能力。如果父母懂得科学养育宝宝，抓住大脑发育的关键期，就能够激发宝宝潜力，帮助宝宝像科学家一样探索世界。

当然，这对新手父母也意味着更大的挑战。面对呱呱坠地的宝宝，你满怀憧憬，望子成龙、望女成凤，也容易小心翼翼，大惊小怪，究竟该怎么和 0~1 岁的宝宝互动？给宝宝多少爱才合适？怎么样才能养育出健康、聪明的宝宝？总之，充满了养育焦虑。新手父母就像是刚学开车的司机，需要明确具体的操作指导，帮助他们度过手足无措的迷茫期。实际上，很多父母由于缺乏系统科学的早教理念，育儿上要么以偏概全，白白错过宝宝第一年发展的关键期；要么听风就是雨，生搬硬套一些育儿知识的碎片，达不到良好的效果。到底什么是良好的母婴互动呢？

第一，良好的母婴互动是系统全面的。除了需要熟悉新生儿的护理技能，父母还需要关注这一时期宝宝的认知发展。很多父母很关注宝宝吃得好不好、睡得好不好，吃好了睡好了才能长得更高、发育得更好。但我们不能只盯着身高体重，还应该关注宝宝的运动能力、语言能力、认知能力、社会情绪能力。这些能力对宝宝的健康成长同样重要。对新手父母来说，从哪里着手呢？这本书的第 1 章告诉你如何与 0~1 岁的宝宝互动，不同月龄段宝宝能力发展的里程碑是什么，什么样的互动是合适的，手把手教你提升宝宝的各项能力。

第二，良好的母婴互动遵循 n+1 原则。什么是 n+1 原则？父母都希望宝宝得到最好的发展，有的把宝宝捧在手心，恨不得什么事情都帮宝宝做好，不让他承受一点点压力，这样对宝宝真的好吗？引导宝宝的"度"在哪里？心理学家维果茨基提出的"最近发展区"，就是帮父母把握养育分寸的度量尺。他将儿童发展分为：现有的发展水平（n）和潜在的发展水平（+1）。什么是孩子现有的发展水平？是指孩子能够独立、自如地完成调整。什么是孩子潜在的发展水平？是指孩子还不能独立完成，必须在大人或其他孩子的帮助下，通过模仿和自身努力才能完成的任务。这两个水平之间的差距为最近发展区。简单来说，就是孩子"跳一跳就能够得着"的区间。比如宝宝开始学爬的时候，一开始宝宝只能爬几步，这时父母有意识地拿玩具在前面引导；当挑战新距离时，宝宝有畏难情绪，父母在旁边为宝宝加油打气，用语言加肢体的方式鼓励他继续爬，随着宝宝手膝撑地能力的增强，宝宝一次比一次爬得更远。在这些过程中，父母有效地利用了最近发展区，让宝宝不断接受新的小挑战，在现有水平上逐步提高。随着挑战成功，宝宝不但能力提升了，而且体会到了积极的自我效能感。

第三，良好的母婴互动需要避坑。育儿路上不走弯路就是捷径。父母都希望给宝宝最好的，但父母对育儿越上心，也越容易掉进坑里。市面上有形形色色的早教信息和早教产品，声称对宝宝大有裨益，但往往良莠不齐。错误的育儿理念、不可靠的育儿产品不仅会浪费你的金钱和时间，严重的还会影响宝宝的身心健康，让母婴互动适得其反。因此，我们需要拥有一双火眼金睛，去识别育儿谣言，避免被忽悠。我们也需要抓大放小，紧扣育儿关键。例如 0~3 个月的宝宝，他们的手指会不受控制地挥动，指甲长长时容易抓伤脸部。此时有人可能建议父母给宝宝戴手套。但是，这会隔绝宝宝手部与外界的接触，减少神经感官刺激，从而影响他们触觉的发展。及时给宝宝剪指甲更合适。有些父母为了给宝宝启蒙，宝宝醒着的时候就给他播放童谣、英语。殊不知这些过度刺激，可能会破坏宝宝大脑的神经回路，降低学习的积极性。同时，嘈杂的环境音，也会让宝宝难以听到父母的声音。实际上，父母的声音才是宝宝最感兴趣的刺激，也是最能给他带来温暖和爱的声音。

宝宝生命的第一年，宝贵又神秘。希望这本书就像是你的育儿地图，带上它，你能更加从容自信，更好地陪伴宝宝每一天的成长！

目录

丛书总序

前言

第 1 章　如何与 0~1 岁的宝宝互动 / 1

0~2 个月　宝宝成长记
增强头颈部的力量 / 手部抓握 / 视觉、听觉及触觉发展 / 4

3~4 个月　宝宝成长记
抬头及翻身 / 手部主动抓握 / 视觉及语言发展 / 认知面部表情 / 17

5~6 个月　宝宝成长记
坐位练习 / 手眼协调及双手配合 / 模仿发声 / 依恋关系及气质 / 31

7~8个月　宝宝成长记

爬行 / 手指抓取 / 因果关系及客体永久性 / 分离焦虑及依恋关系 / 47

9~10个月　宝宝成长记

手膝爬及扶站 / 对捏取物 / 理解词语、手势和指令 / 社交礼仪及认知身体部位 / 61

11~12个月　宝宝成长记

站及走 / 定向投放 / 认知身体部位及听指令 / 独立意识及假装游戏 / 74

第2章　**0~1岁宝宝的大脑发育要点** / 89

0~2个月

大脑有自己的节奏,避免给宝宝过度刺激 / 91

3~4个月

模仿学习,帮助宝宝理解自己和他人 / 94

5~6个月

建立安全型依恋关系,缓解宝宝的分离焦虑 / 100

7~8 个月

理解因果关系,是宝宝智力发展的里程碑 / 108

9~10 个月

重视呼名反应,了解宝宝智力发展的进程 / 112

11~12 个月

宝宝胡言乱语的能力,比开口说话更重要 / 115

第 3 章　做好压力管理,守护宝宝大脑健康 / 119

有毒压力、积极压力与可承受的压力 / 121

警惕有毒压力,避免暴力沟通与过度养育 / 124

培养有复原力的宝宝,面对压力积极成长 / 128

参考文献 / 140

后记 / 144

第 1 章

如何
与 0~1 岁的宝宝互动

究竟什么决定了宝宝聪不聪明？是自带在基因里的遗传天赋，还是教育经验等后天因素？

答案是"基因"和"经验"的双重作用共同构建大脑结构的发展。

大脑的一切发展都建立在基因的基础之上。刚出生的婴儿大脑里已经配置了 1 000 亿～2 000 亿个神经元[一]（neurons）、一些基本的神经构造，以及一些神经连接[二]。这些基础配置就像盖房子的地基，后期形成的更复杂的神经回路[三]就是按照这些地基"搭建"的。

但是，房子最终的形态也不能只看地基。大脑神经回路会不断被后天环境因素和每个人独特的生活经历塑造和优化。生命的最初几年是建立神经连接最活跃的时期，大脑每秒形成超过 100 万个新的神经连

[一] 神经元是构成神经系统的基本细胞，是我们处理心理活动和学习信息的最小单位。
[二] 神经连接指的是神经元与相邻的细胞形成连接。
[三] 神经回路是神经元连接后形成的更复杂的交流系统。

接。经过快速增殖期后,连接会通过称为突触修剪[⊖](synaptic pruning)的过程减少。那些暂时不需要的神经元和连接会被切断和削减,反之,那些经常受到刺激的神经回路会形成更复杂的连接(Webb, Monk, & Nelson, 2001)。就像果农通过修剪多余的树枝来增强特定枝条结出果实的能力,我们的大脑想要形成高效率的神经系统,也需要通过去掉多余的神经元及神经连接,来促使特定的能力变得更精细与复杂。

总之,基因设定了大脑的初始程序,但后天环境和经验对于大脑神经回路的塑造也发挥着重要的作用。人的智力发展是一个成长的、可以终身培养的过程。特别是儿童时期,大脑的可塑性[⊜](brain plasticity)最强。日常生活中宝宝做了什么、学习了什么,都会对大脑进行重新塑造。想让宝宝更聪明,我们要促进更多的神经连接,给他们提供丰富的活动和体验。

同时,大脑是一个高度整合的器官,它的多种功能相互协调运作。早期情绪,以及运动、健康、社交、认知和语言能力的发展,对于宝宝能否在学校、工作和社会中取得成功都很重要。接下来的内容里,我们按照具体

⊖ 突触修剪会使很少受到外部环境或经验刺激的神经元暂时沉寂。
⊜ 大脑的可塑性是指在外界环境和经验的作用下大脑有塑造其结构、功能或连接的能力。

月龄，从运动、认知和语言、社会情绪等方面呈现了丰富的活动，为宝宝的大脑发展提供均衡、丰富的认知养分，帮助宝宝更好地建立神经连接。

现在，请跟随我们一起加入这场奇妙的经历吧！

0～2个月
宝宝成长记

刚出生的宝宝似乎只会吃睡拉撒，但满月后，宝宝每天清醒的时间会变多，对外界有更多的反应。比如，当你抱着宝宝的时候，他会注视你的脸，盯着你看；当你说话的时候，他也会有所反应。有时候，他还可能会扭动身体来回应你或者吸引你的注意。这说明宝宝各项能力都在发展。在这个阶段，宝宝最需要的是被拥抱、被安抚。你也要与宝宝保持亲密的肌肤接触，并对宝宝的情绪做出及时的回应哦！

大运动　增强头颈部的力量

大运动需要调动手臂、腿部等大肌肉力量，是小月龄宝宝发展的重中之重。很多家长以为大运动的发展是水到渠成的,顺其自然即可。其实即使宝宝的身体已准备好,也需要家长正确的引导,能力才能更上一层楼。

为什么呢?因为大运动的发展是循序渐进的,"抬头 – 翻身 – 坐 – 爬 – 站 – 走"每个阶段都有相对应的任务要完成。如果前一阶段完成得不好,会影响下一阶段的发展。

0~2个月宝宝大运动方面最为重要的一个任务是增强头部、颈部的力量。头颈部力量的发展,可以让宝宝进一步控制自己抬头,主动观察周围世界。所以这个阶段,我们要多鼓励宝宝趴、做各种抬头练习,来锻炼他颈背部的肌肉,这样他才能在下一个阶段顺利用手肘支撑自己竖头,到处看。

具体应该怎么做呢?宝宝醒着的时候,多引导他做些能转动头部的游戏。小小的摇铃就是好道具,在宝宝面前摇动摇铃,吸引他左右转头来追视。宝宝趴着的时候,吸引他多抬头。平时给宝宝拍嗝的时候,也是绝佳的锻炼时机,竖抱宝宝的时候,试着移开扶着他头部的手,让他自己竖立头颈部几秒钟。注意,虽然这一阶段要锻炼到宝宝头颈部的肌肉，但是突然移动或施力时仍然需要对宝宝的头颈部做一定保护。

除了俯卧抬头，还有仰卧抬头。不过，宝宝颈部前侧和腹部肌肉的控制能力发育得更缓慢些，所以他还要等一段时间才能够在仰卧时自己抬起头。

你可以通过下面的"俯卧抬头"游戏，提高宝宝的头颈部的控制能力，为宝宝未来抬头看到一个截然不同的世界打下基础。

大运动游戏 | 俯卧抬头

道具

摇铃

练习步骤

步骤1：

让宝宝俯卧在地垫或床垫上。

步骤2：

一个大人在宝宝脑袋的前上方轻轻摇

动摇铃,吸引宝宝抬头看摇铃。摇铃摇动的位置以水平左右移动为主,同时适当鼓励宝宝从上到下、由近及远地去追视摇铃。另一个大人双手扶住宝宝肘部和手臂,帮助他坚持一会儿(见图1-1)。

图1-1 俯卧抬头游戏示意图

步骤3:

当你发现宝宝能够追视摇铃顺利抬头的时候,可以适当增加难度,鼓励他抬头抬得更高一些。

游戏变式

这个游戏的另外一种玩法是如果宝宝在地垫或床垫上趴不住,

可以让他趴在爸爸或妈妈身上,跟他说话、唱歌。等宝宝习惯趴着的姿势后,再让他趴回床上(见图1-2)。

图1-2 俯卧抬头游戏变式

注意事项

- 俯卧,在宝宝脑袋的前上方逗引抬头。
- 注意不要在喂奶后玩这个游戏,宝宝容易吐奶。在奶前或者两餐之间(奶后45分钟)进行这个活动。
- 每次做一两分钟,一天可做三到五次。
- 如果宝宝哭闹,可能是累了不想做,你需要把他翻过来平躺,跟他说说话，缓解一下，等他平复后再继续；也可能是练习太难，给予的辅助支撑不到位，需要调节一下。

精细运动 **手部抓握**

宝宝出生后第一年应该重点关注两项基础能力，第一项是大运动，第二项是精细运动。精细运动是使用比较小的肌肉做的一些小动作，涂鸦、扣扣子、折纸等与日常生活有关的事情都与精细运动有关。

精细运动能促成更强健的大脑。俗话说，"手是身体的大脑"，鼓励宝宝多动手就是在帮助宝宝锻炼大脑，让宝宝的脑和手一起"做体操"。

手部动作和手眼协调是精细运动的两个基础。现阶段宝宝精细运动主要表现在手部动作上。满月前，宝宝会本能地紧紧握拳，这是一种无意识的抓握反射。如果你将物品放到他手里，他会抓得很紧，不过这还是一种无意识的抓握反射。满月后宝宝的手指会逐渐放松，这时候就可以锻炼手部动作，帮助手掌打开。比如给宝宝做抚触的时候，注意也要按摩一下手指。又如引导宝宝抓握摇铃等玩具。如果宝宝还不能很好地抓握,你可以把玩具直接放入宝宝掌心,让宝宝的小手有一个触觉的感知,刺激抓握的感觉。

你可以通过下面的"抓抓握握"游戏,锻炼宝宝手指的精细运动和抓握能力。

精细运动游戏 | 抓抓握握

道 具

沙 锤

练习步骤

步骤 1:

轻轻摇晃沙锤,吸引宝宝的注意。

步骤 2:

你可以轻柔地将宝宝手指打开,把沙锤放在他的掌心,宝宝会本能地抓住沙锤(见图 1-3)。

图 1-3 抓握游戏示意图

步骤 3：

带动宝宝小手摇晃沙锤，并且跟宝宝互动，"是不是很好玩呀"。

游戏变式

这个游戏的另外一种玩法是你也可以让宝宝抓握你的手指头，并说："宝宝，抓住妈妈的手指！哇！宝宝真棒呀！"

注意事项

- 让宝宝抓握沙锤并摇晃。
- 满月前，宝宝会本能地紧紧握拳；满月后他的手指会逐渐放松，因此这个游戏适合在宝宝满月后进行。

认知和语言 **视觉、听觉及触觉发展**

视觉、听觉和触觉是最早发展的感知觉，感知觉是认知发展的基础。刚出生不久的宝宝，只能看到20～40厘米的东西，很难追踪一个在他面前移动的物品。如果你在他眼前快速挥动玩具,他似乎是"视而不见"的。如果你摇头,他的眼睛会失去对焦。到2个月左右,宝宝的双眼已经能够像成年人一样对焦和区分颜色了。此时,我们可以给宝宝提供丰富的视觉刺激。你可以拿有简单几何图形的黑白卡、红色小球等玩具在宝宝眼前慢慢地左右、上下移动,辅助宝宝视觉追踪能力的发展。

听觉追踪能力也很重要。当宝宝听到其他声音时,会尝试将头转向声源。你可以用手拿摇铃等发声玩具,让宝宝听听不同远近的声音,促进他听力的发育。如果宝宝对声音没有什么反应,建议咨询儿科医生,排除听力上的问题。

宝宝这阶段对触觉也十分敏锐,给宝宝做抚触操可以很好地刺激和促进宝宝触觉的感受能力。平时,鼓励宝宝触摸各种材质的物品,不要长期给宝宝戴手套,也不要阻止宝宝吃手,这会影响宝宝触觉的发展。

儿童对客观世界的认知是从感知觉开始的,然后借助语言,语言刺激也是很重要的。所有声音中，宝宝最喜欢的是人类，特别是妈妈的声音。所以无论宝宝有没有给你回应，无论在旁人听起来有多奇怪，你还是要经常对宝宝说话。比如跟他描述你现在正在做的事情："妈妈现在要给你换纸尿片啦""哦哦哦，宝宝肚子饿对不对？妈妈这就给你喂奶"。宝宝会逐渐从你的声音中判断出你什么时候喂他，什么时候给他换纸尿片，什么时候会带他出去散步。这会让他的生活更有掌控感和规律性。

宝宝对妈妈的语调、重音也非常敏感。你对宝宝说话时，可以提高声调，放慢语速，发音夸张一些，这在心理学上叫作"家长语"（parentese），它能够更好地引起宝宝的注意。多这样对宝宝说话，他以后有更多机会来了解语音、语调的特征。

你可以通过下面的"定位声源"游戏，在宝宝面前摇动摇铃，吸引宝宝左右转头来定位声源。这不但能锻炼到宝宝颈背部的肌肉，还能进一步帮助到宝宝的听觉认知。

认知和语言游戏 | 定位声源

道　具
沙锤、摇铃、布书

练习步骤

步骤 1：

让宝宝平躺在地垫或床垫上。

步骤 2：

在宝宝一侧耳上方一二十厘米的距离，用摇铃发出有趣的声音（见图 1-4）。

步骤 3：

看看宝宝能不能同步转动眼睛和头来寻找声源。

第一种情况是如果宝宝可以同步转动眼睛和头，继续拿摇铃往另一侧耳上方摇一摇。你还可以拿着摇铃离近一点、离远一点摇一摇。以此来练习定位声音的来源

图 1-4　定位声源游戏示意图

和追踪物品的位置。

第二种情况是有的宝宝听到声音,会有些表情变化或眼睛追随,但头部仍然没有转动。这是因为3个月以内的宝宝,颈部力量比较弱,转头困难,所以这是很正常的。这种情况下我们可以把宝宝的头托起来,注意手掌摊平,放置在后颈部(见图1-5),不是放置在后脑勺,也不要直接握住宝宝的脖子。或者我们可以让宝宝上半身微微斜靠在我们的腿上,来进行追听练习。

图1-5 转动困难时的做法

第三种情况是宝宝听到了摇铃声,但是眼睛和头都没有追随。如果是这样,先把摇铃拿到他眼前,当宝宝的视线聚焦在摇铃上时,再左右移动地摇动摇铃。

第四种情况是如果宝宝像是没听到声音一样不理你,一种可能是你一直用同一种声音在他耳边,他就习惯化[一](habituation)了,没有反应了。

我们左右、远近各摇一两次之后,为了避免听觉习惯化,就要换一些声音了。摇铃声、沙锤声、布书的声音,清脆的、沉闷的声音,较大声、较小声都可以变换。

宝宝没有反应,另外一种情况可能是对这个游戏没有兴趣。这个时候我们就可以在听觉刺激的基础上加更多视觉刺激。比如最直接的是,你可以趴在宝宝的耳边。看着他,对他说:"宝宝,看着妈妈,嘟嘟嘟嘟……"注意,我们的声音要连续、频率要高一点。当宝宝看向你时,你就对他微笑,夸赞他。

[一] 习惯化指的是个体对刺激(如声音),连续或重复出现时所引起的反应强度会逐渐降低。

注意事项

- 用各种发声玩具在宝宝双侧耳上方一二十厘米左右的距离吸引宝宝。
- 注意托起颈部的时候手掌摊平,放置在后颈部,不是放置在后脑勺,也不要直接握住宝宝的脖子。
- 聆听不同声音可以提高宝宝的听觉能力。平时在生活中让宝宝接触各种各样的声音,给他比较丰富的听觉刺激。

3~4个月
宝宝成长记

在 0~2 个月,如果你对宝宝笑,宝宝也会笑,这往往只是宝宝看到人脸图像本能的微笑反应,又叫作社会微笑(social smile)。2 个月后,宝宝的笑才真正代表开心和友好。而且,他不仅仅是脸部出现笑容,而是牵一"笑"而动全身,还会表现得手舞足蹈,特别有感染力。看到宝宝真正快乐的笑容,你抚育孩子以来所有的崩溃和疲惫都被击退了，你觉得眼前的宝宝是如此可爱，一切付出都是值得的。

大运动　抬头及翻身

抬头，是宝宝早期大运动发育的关键指标。现在，你应该已经发现，宝宝在俯卧的时候会努力挣扎着想抬头。等到3个月，80%的宝宝能自主控制头颈部力量，脑袋不再摇摆不定。俯卧时能将头抬起30~40度，并且可以左右自由转动。到了4个月，能达到俯卧抬头90度。

有的宝宝学得慢一些，你也不用太过担心，平时多带宝宝做趴和抬头练习。你可以锻炼宝宝用前臂支撑头部和上半身重量的能力。比如让宝宝趴在床上，用毛巾被塞到他手臂和胸部的下方，帮助宝宝将双肘撑在胸前。现在，你还可以将宝宝抱坐一会儿，锻炼宝宝头颈部的肌肉，为宝宝后续躯干的翻身、坐做好准备。

经过抬头动作和趴姿的练习，宝宝四肢的动作越来越灵活，爱挥舞胳膊、爱踢腿，而且很用力，下半身有扭动的动作，还经常使劲向着一侧用力。这就表明宝宝可以开始练习翻身了。初期宝宝肌肉力量还不足,你可以先培养宝宝的翻身意识,比如把宝宝左右滚一滚,练习翻身时的平衡感。等宝宝抬头更熟练了,你就可以帮助宝宝肩膀和大腿用力进行腿控式翻身。等宝宝各方面控制得更好了,一般是4个月之后,就能进行手控式翻身,刺激宝宝腿部、腰部主动用力去翻过来。经常这样练习,宝宝很快就能学会自己翻过侧身,这是宝宝翻身的第一步。

你可以通过下面的"小熊翻翻"游戏,锻炼宝宝的平衡能力和两侧的协调能力,为自主翻身做好准备。

大运动游戏 | 小熊翻翻

道 具

毛巾被

练习步骤

步骤 1:

将毛巾被铺在床的中间,避免靠近边缘。让宝宝仰卧在毛巾被中间。

步骤2：

给宝宝热身，抓住宝宝一侧的手臂，往一侧推，鼓励宝宝翻身。你也可以抓住宝宝一侧的大腿，往一侧推，鼓励宝宝翻身。

步骤3：

轻轻拉动一侧的毛巾被，让宝宝像小熊一样往另一侧翻滚。你可能需要帮助他把小手从胸下抽出来，让宝宝能更好地支撑一会儿（见图1-6）。

图1-6 翻身游戏示意图

游戏变式

这个游戏还有另外一种玩法，你可以让宝宝俯卧着，然后帮他翻回仰卧的状态。通常宝宝会偏好翻向一侧,你可以鼓励他翻向另一侧(见图 1-7)。

图 1-7　翻身游戏变式

注意事项

- 拉动一侧的毛巾被,让宝宝往另一侧翻滚。
- 注意不要在喂奶后玩这个游戏,宝宝容易吐奶。在奶前或者两餐之间(奶后 45 分钟)进行这个活动。
- 避免在床的边缘玩这个游戏。

精细运动　**手部主动抓握**

现在,宝宝前两个月原始的抓握反射慢慢消失了,紧紧握拳的手可以完全张开了。你会发现宝宝越来越有意识地去张开双手抓握东西,有时候甚至抓住妈妈的头发不放。你也会发现这时期的宝宝什么都想抓到嘴里吃,连自己的脚也不放过。

恭喜你,这表示宝宝逐渐能把看到的东西与手的运动联系起来,产生有意识的抓握。可以主动地张开小手去够、去抓东西,是儿童认知发展中的关键行为,意味着宝宝可以用一种全新的探索模式来认知世界了。不过,宝宝目前还控制不好手部动作,比如看到东西后,看起来他想要伸手,但是全身都在乱动。你可以准备各种不同质地的玩具让宝宝抓,特别是一些可以让他抓满整个手的东西,比如丝巾、海绵、橡皮玩具等。

平时生活中也可以鼓励宝宝主动伸手。在喂奶或喂水时,可引导宝宝双手去扶奶瓶。母乳喂养的宝宝如果喜欢边喝奶边抚摸妈妈的乳房,你也不要因为觉得不好意思而去制止。平时鼓励宝宝去触摸各种质地的物品，增进他的感知学习。但是有一种情况需要注意，如果三四个月的宝宝一直紧握着拳头，手指不能打开，应当引起注意，宝宝可能存在肌张力异常或者姿势异常等问题，这是脑损伤的早期表现，需及时就医排查。

这个阶段宝宝看近距离物品的能力已经和成年人差不多了，但用手抓取物品的能力还可以继续提高。下面的"抓住它！"游戏，可以锻炼宝宝的手部抓握能力哦。

精细运动游戏｜抓住它！

道具

小毛绒玩具、一段色彩鲜艳的彩带或绳子（在一端绑上小毛绒玩具）

练习步骤

步骤1：

让宝宝坐在你的怀里，用一只手扶着他的胳膊，另一只手提着绑着小毛绒玩具的彩带。

步骤2：

在宝宝眼前来回晃动，吸引宝宝的注意，鼓励宝宝去抓玩具（见图1-8）。当宝宝伸出手去抓玩具时，你可以及时肯定他："哇，碰到了，不错哦！"

图1-8　抓握游戏示意图

步骤3：

如果宝宝没有伸手去抓的意识，你可以主动将玩具放到他手边，鼓励他来抓。当宝宝抓到玩具时，你可以试着稍微用力，跟宝宝玩"拔河"游戏，鼓励宝宝用力。

注意事项

- 鼓励宝宝去抓玩具,还可以跟宝宝玩"拔河"游戏。
- 当游戏结束时,记得及时将彩带或绳子收起来,避免发生缠绕。

认知和语言　　视觉及语言发展

宝宝的听觉和视觉相对于 0~2 个月,发育得更加成熟。宝宝听到声音会把头转向发出声音的方向,甚至会主动发出声音来回应。你可以进一步帮助宝宝提升定位声源的能力。之前是让宝宝平躺着,在宝宝双侧耳一二十厘米的距离摇动摇铃发出声音,现在可以在宝宝头部的斜上方或者中、下方,多角度摇一摇,这样可以鼓励宝宝多做抬头、低头收下巴的练习,对宝宝的头部控制能力很有帮助。

在视觉发展方面,3 个月时,宝宝能看到几米以外的人和玩具。4 个月时,宝宝能够注视很远的墙上挂着的东西或者向窗外看。除了继续带宝宝观察周围的环境,你可以选择一些有彩色图形的卡片,悬在距离宝宝眼睛 20~30 厘米的地方,帮助发展宝宝的视觉分辨能力。

在语言发展方面，相对于0～2个月，宝宝对口腔肌肉和舌头的控制能力更好。你会发现，他开始能大声叫，可能会重复一些"啊啊""咿咿""呜呜"等单音节的声音。这可能是十分漫长的一个阶段，但也是非常重要的一个阶段。在这个阶段，你不妨模仿宝宝发出的这些声音，当宝宝对你"啊啊"时你就跟他目光对视，然后模仿他说"啊啊"。这就是你们最初的"双向对话"。虽然这听上去有点傻，但当宝宝听到大人发出跟自己一样的声音时，能鼓励他主动对你发出更多的声音。而且，宝宝会潜移默化地感知到语言对话的规则，比如对话的次序、语气、节奏等。

同时，你也要试着把宝宝的思维"翻译"成语言。比如追踪宝宝的视线，描述他看见的是什么。带宝宝出去玩的时候，给他描述周围的事物："你在看什么呀？在看树上的小鸟呀！'叽叽叽'，是小鸟在唱歌呢""哇，这里有一朵红色的花"。

现在宝宝能发出一些有趣的声音了，你可以通过下面的"啊啊呜呜"游戏，回应这些"宝宝语"，促进宝宝的语言和交流能力。

认知和语言游戏 | 啊啊呜呜

道 具

这个游戏不需要额外的道具,请直接和宝宝开始互动吧!

练习步骤

步骤 1:

留意宝宝喜欢说话的时刻,比如早上刚睡醒或吃完奶时。各种心情愉悦的时候,他可能会开心地开始发出各种声音,比如"啊啊""呜呜"。

步骤 2:

你可以模仿他的声音。你也可以稍微改变他说的话,比如拖长"呜"的声音变成"呜——","啊"变成"啊——",然后看看他会不会模仿你(见图 1-9)。

图 1-9 语言游戏示意图

步骤 3：

当宝宝意识到你在模仿他说话时，他会很开心并继续说话。你可以表扬他一下："哇，宝宝，你好棒！你在说话啦！"

注意事项

- 在生活中模仿宝宝的"语言"跟他"对话"。
- 如果宝宝转头，表现得不耐烦，那么你需要让他休息，做其他活动。等他心情愉悦、主动说话时再和他聊天。

社会情绪　认知面部表情

这个时期的宝宝非常爱笑，而且他会更加关注你的面部表情。如果你表情严肃，他可能会比较安静；如果你放松、开心，他也会放松、开心。如果你对他吐舌头，过一会儿，他可能也会把可爱的小舌头伸出来。

另外，宝宝很喜欢跟镜子里的自己互动。但此时他还不知道那是自己。通过玩"照镜子"游戏，宝宝能够更好地感知自己的脸部特征，提高他初步萌发的自我意识。

如果你带宝宝去外面玩,你会发现,他对周围的小朋友很感兴趣。当听到其他宝宝的声音时,他会扭头去找。这是宝宝同伴社交的初步体现。

除了笑,宝宝也会哭闹。哭闹是宝宝发出需求信号的主要方式,而不是无理取闹。当宝宝需求很急切时,比如很饿、肚子难受、拉㞎㞎,他会通过独特的哭声来寻求帮助。读懂宝宝的"宝宝语",你可以更好地帮助他,减少他的哭闹。有时候,你明明满足了宝宝所有的需求——喂饱了、纸尿片换了,穿着不舒服的地方也整理了,但宝宝还是可能会一阵阵闹个不停。游戏、说话、唱歌、轻轻摇晃、抱着他深蹲或者走动,可能会缓解他这种"莫名其妙"的哭闹。

需要注意的是,当宝宝哭闹时,你可能会感到十分挫败,甚至崩溃。避免用力地去摇晃宝宝,甚至拍打他,这会给他带来严重的伤害。当你觉得自己情绪快要失控时,轻柔地把宝宝放回婴儿床,或者交给其他家人照看。暂时离开现场,深呼吸,让自己冷静下来,再去照顾宝宝。就像是坐飞机时,空乘人员会提醒你,遇到紧急情况时需要戴氧气面罩,先给自己戴好,再去帮助别人。

你可以通过下面的"宝宝照镜子"游戏,鼓励宝宝学习观察自己的样子、跟镜子里的"宝宝"互动,有助于提高他初步萌发的自我意识。

社会情绪游戏 | 宝宝照镜子

道具

小镜子

图 1-10 照镜子游戏示意图

练习步骤

步骤 1:

让宝宝趴在地垫或床垫上,在他眼睛二十厘米左右的距离放小镜子,引导他照镜子(见图 1-10)。

步骤 2:

如果宝宝已经能趴得比较好了,你可以适当移动镜子,让他移动眼睛和脑袋观察。

步骤 3：

如果宝宝能保持趴姿的时间还比较短，你可以扶住他的手臂外侧，帮他多坚持一会儿，或者抱着他照镜子。

注意事项

- 引导宝宝趴着照镜子。
- 注意不要在喂奶后玩这个游戏，宝宝容易吐奶。在奶前或者两餐之间（奶后 45 分钟）进行。
- 如果宝宝累了，及时帮他翻过身来，休息一下。等他状态良好再练习。

5～6个月
宝宝成长记

5～6 个月的宝宝是一天比一天活泼好动，你会发现他的运动能力升级了，趴着的时候可以高高地抬起头，可以左翻右翻，还可以用手抓脚，甚至是独坐片刻了。你会发现他越来越淘气，咿呀学语的同时会大笑尖叫。你还会发现他对外界越来越好奇，并能给出各种各样有趣的反应。

大运动　坐位练习

经过了俯卧抬头、翻身等动作，宝宝颈部、前臂及腰部等肌肉力量逐渐增强，此时的运动能力发育已从头部控制进步到躯干控制了。一旦宝宝有足够的力量抬起上半身，你就可以开始帮他练习坐了。

在宝宝达不到坐位平衡时，他的坐位姿势是双手前扶，呈前倾坐位。在宝宝前倾坐熟练的基础上，我们可以给他做些"拉坐"练习，即仰卧位时拉宝宝坐起，帮助宝宝锻炼腹部及腰背部肌肉的力量，逐步达到坐位平衡。练习一段时间后，你可以让宝宝倚靠着垫子靠坐。练习的过程中，逐渐减少宝宝身后靠的东西，使宝宝仅有一点支持即可坐住，或是撤开你的支持独坐片刻。一般来说，5个月宝宝拉坐竖直身体的话，可以靠着大人或物体独坐片刻。6个月宝宝可以独自坐一会儿了。

总之，5~6个月的宝宝可以让他学坐，可以拉坐，可以靠着坐，或扶着坐一会儿。有的家长早在宝宝三四个月时就练坐，这可能造成宝宝脊椎负担加重。另外，不是所有宝宝 6 个月时都能独坐，有的可能晚一些，只要有明确的跨越中线的能力及基本的坐位姿势，很快就可以独坐。宝宝坐着的时候，大人一定要陪在旁边，以免宝宝重心不稳，从而跌倒受伤。

如果宝宝能够用手支撑地面坐上几分钟，你就可以通过下面的"独坐练习"游戏来锻炼宝宝大运动的核心能力，达到独坐自如：

大运动游戏 | 独坐练习

道 具

摇 铃

练习步骤

步骤 1：

让宝宝前倾坐在地垫或床垫上，周围

可以放几个枕头,宝宝倒下时能起到保护作用(见图1-11)。

图1-11 独坐练习示意图1

步骤2:

拿玩具在宝宝胸前逗引他,鼓励他伸手来抓,让宝宝手离开地面,练习独坐(见图1-12)。

图1-12 独坐练习示意图2

步骤 3：

如果手离开地面，宝宝容易倒下，你可以先扶住他的髋部，帮助他保持平衡。当宝宝比较熟练时，你可以把摇铃举到他侧前方，宝宝需要稍微转动身体才能拿到（见图 1-13）。

图 1-13　独坐练习示意图 3

步骤 4：

你也可以把摇铃放在地上，让宝宝练习弯腰再坐直。

注意事项

- 此时宝宝肌力弱，在宝宝不能很好支撑身体时不要让他独自坐，更不能在姿势不正确时长时间坐。

- 注意将周围的环境收拾干净,避免有尖锐物或硬物,宝宝倒下时容易碰到。
- 根据宝宝的状态进行,如果他喜欢、心情愉快,可以多练习一会儿。如果他烦躁,说明他力量可能还不够,这个练习对他来说难度太大,那么等过一段时间再进行。

精细运动　　手眼协调及双手配合

宝宝刚出生时,动作是混乱的,两只眼睛的动作有时也不协调。随着月龄的增长,眼睛和手的动作才开始能够配合。你可能已经发现,这个月龄段的宝宝能把双手放到眼前观察,并且玩弄自己的双手了。另外,宝宝有很强的抓物欲望,看到什么都想抓来送进嘴里。这是因为,手的操作有一个从粗大到精细、从不准确到准确的过程。开始只能抓到手旁的物品,慢慢可以伸出去够眼前的物品,从不稳定的抓起,到手眼协调的直接抓起。这时候,我们就可以锻炼宝宝的手眼协调能力了。

宝宝靠坐的时候,你可以在宝宝面前放各种物品让他抓。物品可从近到远地放,从各种不同的方向,引导宝宝努力够取。你也可以抱着宝宝去抓悬着和挂着的东西,逐步练习。

另外,宝宝的精细运动也会经历从只抓一个物品,到双手各抓一个物品,再到慢慢会通过玩具换手进行初步的双手配合(Rochat & Goubet, 1995)。所以,我们也要注意练习宝宝双手均能抓物、换手的能力。

注意,这个阶段宝宝抓到物品喜欢直接放入口中,不要因为怕脏而限制宝宝这种探索活动,此时宝宝是通过手和嘴来了解物品的形状、软硬的,家长只需要保证宝宝手中的物品是干净的、大小是合适的。

宝宝的双手在抓握时,会经历由全手掌变成手指抓握的过程,手部的精细运动在持续练习中不断发展进步。你可以通过下面的"玩具换手"游戏,来促进宝宝手部精细运动的发育,练习发展双手的抓握技能,同时提高宝宝处理问题、解决问题的能力。

精细运动游戏 | 玩具换手

道具

可抓握的玩具,比如沙锤、摇铃、曼哈顿球等玩具

练习步骤

步骤1:

将宝宝抱坐在桌前,用沙锤逗引宝宝,让他左手先拿一个。

步骤2：

你可以再拿一个摇铃，还是从左手边递给宝宝，边拿可以边问宝宝："宝宝，还有个摇铃，你该怎么拿呀？"这时很多宝宝会扔掉手中的沙锤，去拿摇铃。

为了避免这种情况的发生，你可以握住宝宝的小手，引导宝宝双手靠近。在他右手张开抓住玩具之后，再拍拍他的左手让他松开玩具，这样就完成了将左手中的玩具传递到右手的换手，此时再引导他用左手去拿新玩具（见图1-14）。

图 1-14　玩具换手游戏示意图 1

步骤 3：

你还可以换成曼哈顿球这种更容易两手抓握的玩具，这只手抓住，另外一只手也抓住后，再松开这只手（见图 1-15）。

图 1-15　玩具换手游戏示意图 2

步骤 4：

你也可以给宝宝示范你是如何换手的，让宝宝反复练习。记得边做边鼓励："宝宝，把左手的玩具换到右手啦。宝宝真棒，小手真灵活！"

游戏变式

这个游戏还有另外一种玩法，比如先让宝宝左手拿玩具，再帮着用右手去触碰左手，保持右手放到左手前，然后引导宝宝去拿左手的玩具（见图 1-16）。

图 1-16　玩具换手游戏变式

注意事项

- 给宝宝同侧手递玩具，引导宝宝将一侧手的玩具传递到另外一侧手中。
- 一定要在抓握玩具的同侧递给宝宝玩，比如抓握玩具用左手，玩具也要从左侧递给他。

认知和语言　　模仿发声

这个阶段的宝宝逐渐掌握了控制发声器官和肌肉的方法，进入了咿呀学语的阶段。他开始模仿周围环境的声音，包括模仿你说话的语气，以及模仿一些外界的，动物、车辆或其他熟悉物品的声音等。比如看到路边的小狗，宝宝也发出"汪汪"的声音。又如，走在路上看到救护车开过去，他也学着发出"哔卟哔卟"的声音。此时你可能仍然完全听不懂宝宝的咿咿呀呀，其实，这是宝宝在认真模仿周围的声音，只不过用了一种只有自己懂的方式。注意，宝宝不会通过看电视或视频来学习语言，真人互动才有效果。

为了促进更多的语言交流，你也可以带宝宝看看纸板书、布书。不要担心宝宝还不懂，或无法很好地回应你，当你给宝宝讲故事时，都是在给他进行高质量的语言输入。当你把宝宝抱在怀里，透过翻书、看图、说话、肢体互动，让宝宝慢慢形成对书的理解："书就是一个固体东西，可以翻，里面有很多图案。爸爸妈妈会念里面的东西，还会抱抱我、亲亲我。"宝宝对书本的兴趣就被培养起来了。你还可以给宝宝唱童谣——富有韵律的童谣，很容易吸引宝宝的注意。哄宝宝睡觉时，你可以给他唱舒缓的童谣，比如《小星星》《小燕子》。

在认知发展方面，虽然对于现阶段的很多宝宝来说，某个物体一旦从视线中消失,就代表着它彻底不存在了。但宝宝开始试着寻找这些突然消失的人和物。在寻找中,宝宝不断地对事物进行观察并与之互动,这个过程增强了他们对客体永久性⊖(object permanence)的理解。

你现在就可以通过下面的"寻找消失的玩具"游戏,让宝宝学习寻找从视线中突然消失的东西。

认知和语言游戏 | 寻找消失的玩具

道具

摇 铃

图 1-17 寻找游戏示意图 1

练习步骤

步骤 1:

将宝宝抱坐在桌前,让他玩一会儿摇铃熟悉一下(见图 1-17)。

步骤 2:

将摇铃从桌子一边滚动到另一边,让

⊖ 客体永久性指的是认识到即使一个物体离开视线也依然存在。

它自然落地而发出声音（见图 1-18）。

图 1-18　寻找游戏示意图 2

步骤 3：

观察宝宝的眼睛是否会随着声音发出的方向去寻找（见图 1-19）。

图 1-19　寻找游戏示意图 3

有的宝宝会伸头去看发出声音的地方是否有摇铃。当他看到摇铃时，请你用夸张的语气说："啊！摇铃在这儿，宝宝替妈妈找到了。宝宝真棒！"

注意事项

- 滚落摇铃，让宝宝去寻找。
- 如果宝宝不愿意去寻找，把摇铃拿给他，让他再玩一会儿，重新吸引他的兴趣。

社会情绪　依恋关系及气质

宝宝从 6 个月开始，就和你以及亲密的家人建立深厚的情感联结，和你们在一起，他会很开心；遇到压力时，他能够从你们那里得到安慰。这种情感联结叫作依恋⊖（attachment）。

这个阶段，宝宝对家人产生的依恋，让他比之前更希望得到你的

⊖ 依恋是个体与生活中特定他人之间的一种强烈而深刻的情感联结。

关注和陪伴。虽然大家都可以抱他,但是他表现出来的偏好更加明显。比如见到爸爸妈妈会更开心,当哭闹时,爸爸妈妈也比较容易安抚他。

不仅如此,这个阶段宝宝的性格逐步显现。如果你在小区或公园坐一会儿、观察不同的宝宝,你会发现他们的性格各不相同。有些宝宝急躁,有些温顺;有些性格开朗,有些容易生气;有些自来熟,有些慢热。实际上,每个宝宝天生的气质⊖(temperament)不同。这些气质会在这几个月表现得更加明显(Rothbart,2011)。

你知道吗?宝宝的气质会影响你的育儿方式。比如,相比养育脾气好的天使宝宝,经常发脾气的宝宝更容易让你情绪失控,需要你付出更多的耐心和爱心。如果你能包容宝宝的气质类型,试着去分辨和了解宝宝的气质,而不是抵触或压制,你会更加游刃有余。

如何更好地与宝宝互动?你可以跟宝宝玩"躲猫猫"游戏。只有看着你一次次在毛巾后面出现、消失,他才渐渐知道即使你暂时不见了,你仍然存在:"妈妈刚才还在这里,之后就不见了,可现在又出现

⊖ 气质是个体在儿童早期对环境的反应性和自我调节等方面的稳定特征。

了。"这个小游戏,不但可以培养宝宝积极愉快的情绪,还有助于其想象力的发展,玩耍时全家都开心!

宝宝对人的面部表情非常感兴趣,甚至会报以微笑或大笑。他还可以分辨出自己的家人和陌生人。你可以通过下面的"情绪照片"游戏帮助宝宝感受人的脸、面部表情和情绪之间的关系,为宝宝认知情绪打下基础。

社会情绪游戏 | 情绪照片

道具

含有家人照片的相册

图 1-20 情绪照片游戏示意图

练习步骤

步骤 1:

将宝宝抱坐在胸前,跟宝宝一起看家人的相册(见图 1-20)。

步骤 2:

相册里面有各种家人的面孔,用手指着照片里的人,跟宝宝说话。比如"这是爸爸""这是奶奶"。这样可以帮助宝宝将家人的名字和他们的面孔联系起来。

步骤3：

另外，照片里也包含各种各样的人物情绪。你可以指着照片里的人的脸，让宝宝看看各种表情，学习对应的情绪："看！爸爸在笑，他很开心！"并且，模仿照片中人物的表情，做给宝宝看，鼓励宝宝模仿。

注意事项

- 带宝宝一起认识家庭相册。
- 如果宝宝开始扭头，反应变慢，说明他已经累了，暂时不想玩了。需要让宝宝休息，等他状态良好时再玩。

7～8个月
宝宝成长记

一转眼，距离宝宝出生已经过去了半年，接下来宝宝将要迎来生命中的一个重要转变，就是爬行。通过爬行，宝宝第一次尝到了身体独立的滋味。他能探索的天地更加宽广，他的小手能更加灵活地捏取物品。语言能力也进一步发展，宝宝似乎开始理解你的一些语言，并且可以给你回应。另外，宝宝开始理解客体永久性的概念，认识到就算物体消失也依然存在。于是他开始特别黏妈妈，甚至害怕妈妈的离开。这是分离焦虑⊖（separation anxiety）的表现，也说明宝宝的认知能力上了一个台阶。

大运动　爬行

到了这个阶段，宝宝的大运动发展又上了一个台阶。坐是这个阶段非常重要的能力，这时期的宝宝应该能协调、稳定地独坐了。经过前几个月的发展，宝宝的头、躯干、四肢力量越来越强。宝宝能够挺起腰部、蹬腿，并且用手撑起身体，这几种动作刚好为宝宝的爬行奠定了基础。

爬行是宝宝大运动发展，乃至整体发展的一个重要阶段。宝宝学习

⊖ 分离焦虑是婴儿在主要养育者离开时会变得烦躁的现象。

爬行的过程中，全身各部位都要参与动作，动作的协调性和平衡感会得到极大的进步，而且爬行会刺激宝宝的探索和与人交流的欲望，对宝宝的认知能力也有极大的发展。所以，我们应该及时为宝宝准备好一块适合爬行的区域，可以是在爬行垫上，或是比较硬的床上。注意活动区域周围的安全，比如安装上围栏、床垫不要太软、不要有杂物。

最初宝宝手和脚的支撑能力弱，只会双手放在侧面，腹部不离开床面，蠕动着向前爬行。我们可以用双手－双膝四点支撑法锻炼宝宝双手、膝盖支撑地面的能力。等宝宝手臂的支撑能力足够了，腹部慢慢抬起。摆好四点支撑位后，你可以用玩具在宝宝两侧手前方逗引，教会他抬手向前，手膝爬行。随着宝宝越来越会控制自己的身体，你也可以帮助宝宝练习由趴转坐、由趴到跪，多种姿势的变换可以让宝宝动作更灵活，也为之后的站立打下基础。

如果宝宝 8 个多月时还不能独坐，最好联系儿科医生做进一步的咨询。

你可以通过下面的"四点支撑"游戏锻炼宝宝双手、膝盖支撑地面的能力，为宝宝爬行做好准备。

大运动游戏 | 四点支撑

道 具
摇铃或沙锤

练习步骤

步骤1：

你可以坐在宝宝的后方，双腿打开，伸直，让宝宝坐在身前。抱住宝宝的前胸，然后把宝宝的双腿稍微收起来，让他跪立在你的两腿之间。

步骤2：

将你靠近宝宝后背的腿收回来，抵住宝宝的小腿侧，帮宝宝保持跪立的状态（见图1-21）。

步骤3：

最好有另外一位大人持续拿玩具在一侧逗引宝宝，或者是你拿玩具逗引，同时

图1-21 四点支撑游戏示意图

另一条大腿靠近宝宝的腹部。让宝宝趴在大腿上，手支撑地面，头抬起，关注前面的玩具。

步骤4：

把宝宝扶回抱坐位。

注意事项

- 让宝宝跪立，趴在家长一侧大腿上，头抬起，用手支撑地面。
- 注意不要在喂奶后玩这个游戏，宝宝容易吐奶。在奶前或者两餐之间（奶后45分钟）进行。
- 让宝宝跪着的时候，尽量保持他两腿之间的距离，与肩膀同宽，不要过大。也不要让腿伸直，伸直就没有下肢支撑的状态。

精细运动 **手指抓取**

现在，宝宝的精细运动进一步发展。从全手掌的活动开始，慢慢到了手指的活动。从只会全手大把抓，到能够使用拇指与其他手指一起捏取物品。手指的这种越来越精细化的捏取能力，可以锻炼到指尖细小肌肉的协调动作，是今后宝宝从事一些复杂操作的基础，也是运动神经系统发育成熟的标志。

所以，我们应该多陪宝宝玩些手指游戏，给宝宝多多练习手指的机会。你可以多鼓励宝宝去抓取面前的物体。如果宝宝还是全手掌抓握，就先把物体放在你手上，再放到宝宝跟前，鼓励宝宝用拇指的任何部位与其他手指捏起它。你甚至可以每天数次让宝宝练习，抓取的物体从大逐渐变小，从积木块到婴儿米饼，一步步加大捏取的难度。体积越小，越有可能鼓励宝宝用拇指跟其他手指对捏。

这时候宝宝动作的协调能力已经比较好了，能随意抓握玩具，并摇动和敲打玩具。你可以鼓励宝宝进一步、有目的地抓取桌上的玩具，并摇晃。手腕的锻炼也非常容易被我们忽视，但它在精细运动中发挥着重要的作用。你在杯中放些小玩具，鼓励宝宝探手进去抓取。这可以锻炼到宝宝手腕的控制能力、灵活性。

另外，这个月龄段的宝宝开始对戳洞感兴趣。你还可以鼓励宝宝多去探索安全的孔洞,这不但能锻炼宝宝的手臂力量,学习控制手臂肌肉,还能保持手的平衡性。

宝宝现在应该非常喜欢敲击游戏。你可以通过下面的"对敲玩具"游戏加大难度,让宝宝学会对敲的动作,并慢慢减小玩具的体积,加强敲击的准确性。

精细运动游戏 | 对敲玩具

道具

小积木、脸盆

练习步骤

步骤1:

让宝宝坐在桌前,你先给宝宝示范,一边拿两个积木敲击出各种节奏,一边唱儿歌或念儿歌,引导宝宝喜爱上这个动作。

步骤 2：

把积木交给宝宝，让他来模仿。如果宝宝没什么反应，可以握着他的手、带着他敲击积木（见图 1-22）。

图 1-22　对敲玩具游戏示意图

游戏变式

你还可以将一个脸盆倒放，把它当作鼓，鼓励宝宝拿积木去敲脸盆。然后慢慢地过渡到宝宝可以把两个东西放在一起对着敲。

注意事项

- 鼓励宝宝一手拿一个玩具对着敲。

- 为了防止宝宝敲不起来有挫败感,刚开始选择接触面大一点的玩具。等宝宝可以熟练对敲了,再慢慢减小玩具的体积。

认知和语言　　因果关系及客体永久性

这个阶段宝宝对一些特定的声音会有一些反应了。比如,当你叫他名字时,他会主动看你,回应你;当你说一些物品的名称时,他可能会去指,或者去看。这都说明宝宝语言理解能力越来越好了。

现在你可以有意识地教宝宝一些物品名称。比方说教宝宝他周围常见的、用得到的物品的名字。认识物品的时候,根据形状、颜色、气味、用途等多维度给宝宝呈现。比如,认识苹果的时候,对宝宝说:"宝宝,这是苹果,英文是 apple,看起来红红的,是不是啊。""我们来闻一闻,香香的,对不对。""来摸一摸,滑滑的。""来咬一咬"。

总之,你可以将苹果的颜色、气味、触感等都呈现给宝宝,让宝宝充分感受苹果,最终达到认识物品的目的。除了苹果,家里的各种物品都可以,比如沙发、桌子、椅子……

除了物品的名称，你也可以教宝宝理解一些常用的社交词，比如"谢谢""对不起"的含义，让宝宝在潜移默化中养成懂礼貌的好习惯。生活中，当遇到需要说"谢谢"的情况时，尽可能多地在宝宝面前说出"谢谢"这个词。不但在外面要多说"谢谢"，在家里，比如家人帮你拿水、盛饭也要说"谢谢。"说"谢谢"的时候咬字清晰，面带微笑。你也可以告诉宝宝："这是'谢谢'，当有人帮助了我们时，我们就可以说'谢谢'"。宝宝平时被人帮助了，也及时跟宝宝说："宝宝，我们要给这个帮助我们的叔叔说'谢谢'哦！谢谢！"同样地，生活中遇到说"对不起"的情况，也尽可能大声、清晰、态度诚恳地在宝宝面前说出来："妈妈不小心踩到了爸爸的脚，对不起哦爸爸，痛不痛呀？"让宝宝逐渐理解"对不起"的社交含义。

在认知方面，宝宝开始有意识地去探索周围世界的因果关系。比如松开手中的东西，它就会掉到地上，发出声响；按下开关，灯光会亮或熄灭。他会慢慢开始注意到这些事件之间的顺序关系。一种行为会产生对应的结果，这是理解因果关系的前提。你还可以主动给宝宝展示日常生活中各种事件的因果关系，促进宝宝好奇心和认知能力的发展。比如陪宝宝一起按下开关，灯会亮，再按一下灯会熄灭。

通过半年对周围环境和他人的观察以及与之互动，这个阶段的宝宝逐渐理解什么是客体永久性。你可以通过下面的"躲猫猫"游戏，帮助宝宝进一步理解客体永久性。刚开始玩时，宝宝会以为挡住脸的大人消失了，当大人再次出现，宝宝就会很惊喜。反复经历这种"消失了又回来了"的体验，宝宝积累了经验，开始预测事情的发展。当大人与他的预测一致，"消失了又回来了"的时候，宝宝对客体永久性的理解就更加深刻了。

认知和语言游戏 | 躲猫猫

道 具

这个游戏不需要额外的道具，请直接和宝宝开始互动吧！

练习步骤

步骤 1：

面对宝宝，用双手遮住脸，嘴里说着"躲猫——猫"或者"peek-a-boo"。

步骤2：

打开手，露出脸，并说"喵呜"，给宝宝一个惊喜。如此反复。

游戏变式

你还可以用毛巾盖住自己的脸，问宝宝："妈妈呢，妈妈在哪里？"然后，拉开毛巾给宝宝一个笑脸。熟练之后，你可以鼓励宝宝伸手去拉毛巾，并找到你。

注意事项

- 如果宝宝在你示范游戏时不感兴趣，你可以用一些声音、动作把宝宝的注意力找回来。
- 如果宝宝仍然没有反应也没有关系，多玩几次吧！宝宝会渐渐喜欢这个游戏的。

社会情绪 分离焦虑及依恋关系

到了6~24个月，进入依恋关系最重要的一个阶段。宝宝渐渐表现出对主要照料者的依恋，开始黏他的主要照料者，通常是妈妈，也开始出现分离焦虑。当妈妈消失，他会想尽一切办法，比如大哭大闹，将妈妈找回来。分离焦虑在很多家庭，特别是双薪家庭普遍存在。

宝宝会有分离焦虑说明他的认知和情绪进步了。所以你不要太过担心。一岁半到两岁后，随着宝宝语言能力和思维能力的发展，宝宝开始懂得跟爸爸妈妈谈判，比如"妈妈你给我讲个故事后再去上班""爸爸亲亲我再走"。稳定的依恋关系形成时，分离焦虑也会缓和。

你可以通过下面的"去去就来"游戏，提前帮助宝宝适应分离焦虑的情绪。

社会情绪游戏 | 去去就来

道具

这个游戏不需要额外的道具，请直接和宝宝开始互动吧！

练习步骤

步骤 1：

练习短时间与宝宝分开。不过要注意，

宝宝身边一刻也不能离开看护,虽然你可以离开房间,但要保证房间里有别人看着宝宝。

步骤2:

先跟宝宝在房间玩一会儿,然后准备离开。离开时,你只需要让宝宝面朝门口,跟宝宝建立一个简短的告别仪式,"妈妈(爸爸)出去一下,去去就来哦"(见图1-23)。

图1-23 适应分离焦虑情绪的游戏示意图

步骤3:

走到房间外面,边走边用声音远距离安抚他,让他知道你还在:

"妈妈(爸爸)在客厅哦""马上回来哦"。过几秒后回来。

随着宝宝逐渐适应,可以逐步增加离开的时间:"妈妈(爸爸)出去1分钟,去去就回来哦""妈妈(爸爸)出去2分钟,去去就回来哦""妈妈(爸爸)出去5分钟,去去就回来哦"。

注意事项

- 一步步加长时间,练习从宝宝身边离开。
- 记住遵守你的承诺,明确回来的时间,强化"回来"的字眼。

9~10个月
宝宝成长记

这个阶段宝宝已经可以爬一小段距离了,也可能会扶着家具站一会儿。精细运动是从全手掌的活动开始,慢慢过渡到手指的精细操作。比较具有标志性的事件是,宝宝可以用拇指和食指捏取小玩具了。认知语言和社会情绪方面,宝宝开始理解一些词义,并且渐渐建立了语言和动作之间的联系,还可以理解一些社交动作的含义,比如摇头拒绝、伸手拥抱等。

大运动　手膝爬及扶站

经过一段时间的爬行训练,宝宝到这个月龄段时可能已经由原来的腹爬过渡到熟练的手膝爬行。由不熟练、不协调到熟练、协调,宝宝的变化是非常迅速的。

这时候你可以加大爬行难度,比如在前面逗引,锻炼宝宝长距离爬行的能力。爬得越多,宝宝的躯干和四肢的协调性越好。另外,你也可以在注意安全的前提下,多让宝宝爬楼梯。爬台阶能锻炼宝宝整体的下肢力量。当往上高爬的时候,宝宝需要先用膝盖辅助向上,然后再用手脚向上爬,对宝宝偏侧的力量也是很好的锻炼。除了爬楼梯,也可以鼓励宝宝上下爬斜坡。上下爬斜坡式的练习可以帮助宝宝在爬行的时候,练习如何调整身体从低重心到高重心移动,或者从高重心转移到低重心。需要注意的是,如果宝宝这个阶段仍然不会爬,或者在爬行时拖着一侧身体（超过一个月），最好联系儿科医生做进一步的咨询。

宝宝在达到坐位平衡、俯卧爬行后，下一阶段就是立位平衡的活动。站立对宝宝的意义也是非凡的，这代表宝宝可以用更加广阔的视角来探索这个世界了。当宝宝腿部力量足够支撑身体重量的时候，他会自然而然地想要扶着东西站起来。比如想要扶着沙发站起来，或者扶着你站起来。你可以在旁边帮忙扶一下宝宝，防止摔倒。

不过，如果宝宝自己没有站的意愿，你不必特意扶着宝宝训练站立。如果你扶着宝宝站的时候，发现宝宝仍然是脚尖着地站的话，也说明宝宝还没达到站立的身体条件，你也不必强迫宝宝练习。

如果宝宝特别愿意站，具备站的身体条件了，你可以鼓励宝宝扶物站一会儿。比如在宝宝眼前放一些玩具，鼓励他伸一只手去拿。你还可以给宝宝念他喜欢的绘本。当宝宝专注于绘本内容时，会不知不觉站得久一点。

宝宝站得比较稳了之后，你可以在地上放玩具，逗引宝宝蹲下或坐下取玩具，帮助宝宝进一步锻炼自己双腿的支撑力量，提高下半身的协调平衡。你可以通过下面的"爬高阶"游戏,锻炼宝宝整体的下肢力量。

大运动游戏 | 爬高阶

道具

几包纸尿片或几张爬行垫,也可以直接在游乐场的阶梯进行

练习步骤

步骤 1:

你可以拿几个比较厚的爬行垫或者几大包纸尿片,垒在沙发边上搭建成阶梯的样子。你可以用胶布等将纸尿片保持固定的状态。

步骤 2:

你稍微在后面扶一下宝宝的腿,宝宝前面有一位家长拿宝宝感兴趣的玩具逗引

着，然后让宝宝练习向玩具的方向爬过去（见图 1-24）。

图 1-24　爬高阶游戏示意图

步骤 3：

让宝宝借助这个"阶梯"爬上沙发，然后跟宝宝愉快地击掌庆祝吧！

注意事项

- 鼓励宝宝在"阶梯"上爬行。
- 爬的时候脱掉宝宝的袜子，或者给宝宝穿防滑袜子。
- 一定要让纸尿片固定起来，不然容易失去平衡。

精细运动 对捏取物

这个阶段宝宝手部精细运动迅速发展，到 9 个月左右，宝宝应该可以用拇指和食指对捏，捏取很小的物体了。你可以经常把宝宝放在餐椅上，给他一些小泡芙、馒头渣，让他抓着吃。

随着宝宝的手眼协调能力进一步发展，他会开始更加细致地研究手边的各种物品。比如开始喜欢摆弄玩具，重复拿起放下、插入拔出、打开关上等动作。喜欢玩小车的轮子、房门的开关、绘本的书页等。你不要觉得奇怪，这个过程中宝宝在学着探索不同事物并解决问题。

你可以通过下面的"取套杯"游戏进一步锻炼宝宝拇指和食指对捏取物的能力。小小套杯看起来常见，但是对宝宝有很大的帮助。这个游戏既可以锻炼到宝宝的精细运动，又能促进宝宝空间知觉的发展。

精细运动游戏 | 取套杯

道 具

几只纸杯或塑料杯

练习步骤

步骤 1：

跟宝宝一起坐在桌前。将杯子套叠在一起，将叠在一起的杯子放在宝宝面前，鼓励宝宝将杯子一个一个地捏着拔出来。

步骤 2：

你可以先让宝宝探索一会儿："宝宝，把这个杯子取出来，你试试，应该怎么办呢？"如果他还不懂得如何取出杯子，你就可以给他做示范了，"啊，这样就成功啦""你来试试吧"（见图 1-25）。

宝宝每成功取出一个杯子，表扬一下他："成功啦！好棒哦！"用这种方式来增

图 1-25 取套杯游戏示意图

强宝宝的成就感。你可以让他多玩几遍。俗话说，"熟能生巧"，宝宝取杯子的手法会越来越熟练的。

步骤3：

全部取出来之后，你也可以反过来做，让宝宝模仿你，将杯子一个一个地套在一起。感受跟拔出杯子不同的动作。

你还可以将杯子反过来垒高，再让宝宝一把推倒，锻炼他手腕推倒的动作。

注意事项

- 鼓励宝宝将套杯一个一个地捏着取出来。
- 精细运动对宝宝的要求比较高，家长不要过分追求技能的结果，关注游戏的过程即可。

认知和语言 　**理解词语、手势和指令**

这个月龄段，宝宝对语言的理解有明显的进步，可以理解简单的词语、手势和指令。某些语言对他来说有信号的作用，虽然小家伙还不会说出来，但是可以用肢体动作表达出来。比如一听到"mama"这个声音，他就会去看妈妈。

另外，宝宝可以理解一些词义，并且逐渐建立了语言和动作之间的联系。通过教宝宝一些手势，比如摇头拒绝、伸手拥抱、拍手欢迎、挥手告别、击掌鼓励等，他可以从中理解这些社交动作的含义。

你还可以帮助宝宝理解生活中的简单指令，并做出相应动作。比如当你说"给"时，宝宝知道把手中的玩具给你。同样，鼓励宝宝模仿大人的一些常用动作，并理解相关的词语。

语言方面，先讲发音，宝宝想要学好说话，首先要训练呼吸器官。你可以教宝宝练习呼气吸气，锻炼宝宝的气息气流，增强宝宝对说话气息的控制能力。

表达方面，宝宝渐渐从只会发出尖叫声、咿咿呀呀的声音，到可以发出一些更有符号意义的声音，比如"ba-ba-ba""ma-ma-ma""na-na-na"。

你可以通过下面的"你说我说"游戏来鼓励宝宝发出更多不同的声音,提高发音的积极性。

认知和语言游戏 | 你说我说

道 具

这个游戏不需要额外的道具,请直接和宝宝开始互动吧!

练习步骤

步骤1:

家长跟宝宝面对面坐着,对着宝宝发音,鼓励他模仿。

步骤2:

对宝宝说:"宝宝,宝宝,来说话,请你和我说'ba-ba-ba'。张大嘴巴'ba-ba-ba'。宝宝,宝宝,来说话。请你和我说'ma-ma-ma'。张大嘴巴'ma-ma-ma'。

用清晰的发音和略为夸张的嘴型，反复多次和宝宝互动。

游戏变式

平时，当宝宝无意发出一个声音时，你可以模仿他的发音回应他。这能增强他说话的积极性，并使无意识发音变成有意识发音。比如，"宝宝，你刚才说'哦'呀，'哦－哦－哦'"。

注意事项

- 平时多跟宝宝说话，多回应宝宝发出的声音。
- 当宝宝发不出一些有意义的词的时候，你不用焦虑，这个时期宝宝可以辨别词语的差别很大。只要宝宝在努力发出不同语音、语调，他都是在准备说话。你对宝宝的回应越多，就越能激发他的交流欲望。

社会情绪　社交礼仪及认知身体部位

现阶段，宝宝能理解的指令以及能用肢体动作表达的内容越来越多了。除了可以表达生活物品或动作，还包括一些涉及社交的动作。

在日常互动中,你可以有意识地教宝宝一些礼貌行为,比如帮助宝宝了解进门前要先敲门,出门了要挥手告别,掌握基本的社交礼仪。一开始宝宝可能只是模仿动作,但之后当你说出这些词时,他就能做出相应的动作,这在一定程度上也促进了宝宝语言能力的发展。

另外,本阶段你可以帮助宝宝进一步理解各身体部位的名称和功能。对身体部位的理解有利于宝宝自我意识的形成,也有利于后期宝宝形成保护自己身体的意识。

你可以用下面的"爱的魔法语"游戏,教宝宝一些社交的动作,如拥抱、飞吻,帮他更好地跟家人互动。

社会情绪游戏 | 爱的魔法语

道 具

这个游戏不需要额外的道具,请直接和宝宝开始互动吧!

练习步骤

步骤 1:

给宝宝示范"拥抱"这个动作,同时拥

抱宝宝。鼓励他也来拥抱你、拥抱其他家人。当宝宝做出抱抱的动作时,及时给他肯定。

步骤2:

教宝宝如何做"飞吻"。手心放到嘴唇上亲一下,然后抛向别人(见图1-26)。

图1-26 社交动作练习示意图

做的时候可以稍微夸张些,如果能加上声效,宝宝会更感兴趣的。

步骤3:

你还可以鼓励宝宝也给你飞吻。当宝宝做出飞吻的动作时,假装抓住飞吻，放到脸颊上，表示很开心，然后回他一个飞吻。

注意事项

- 宝宝对各个指令反应的快慢取决于我们平时生活中重复的次数是否足够，如果宝宝还不能模仿，你自己也要坚持多做这些动作手势，相信宝宝会在潜移默化间学会的。

11~12个月
宝宝成长记

这个阶段宝宝发展中最重要的一刻可能会来临，就是宝宝学着迈出人生中的第一步，这也是宝宝走向独立的开始。不过，不同宝宝能够独自行走的时间也不同，有的宝宝到了十五六个月才能够独自行走，你不用过度焦虑，跟着书中的游戏练习，静待宝宝成长。

宝宝的精细运动进一步发展，手眼协调性提高，宝宝会开始更加细致地研究手边的各种物品。比如小车的轮子、房门的开关、绘本的书页等。只要保证安全，尽管放手让宝宝去探索。

语言方面，有的宝宝已经能够说出一两个字词了。他们经常装成会说话的样子，模仿大人的腔调，说出一连串"火星语"。这些莫名其妙的话，虽然没有任何含义，但是语调上已经富有变化、充满感情。这时候，你最好不要打断他，鼓励他并且寻找机会加入对话，教他说出真正的词语。

随着宝宝的大运动和精细运动越来越好，很多事情他都想自己做，独立意识也跟着萌芽。此时，你也可以鼓励宝宝独立完成一些任务。

大运动 站及走

本阶段宝宝大运动的重心是站。如果宝宝还不能很好地独自站立，你可以让宝宝扶着墙站起来，在墙上贴贴纸，贴纸与宝宝眼睛高度相同即可，鼓励宝宝伸手去抠。这个游戏可以锻炼宝宝独站时的平衡感，增强独站的稳定性，锻炼宝宝下肢的力量和平衡感。另外，你也可以跟宝宝做些会让他蹲下、起立的游戏，同样可以锻炼宝宝下肢的力量和平衡感，为宝宝行走打下基础。如果宝宝在这个阶段还不能站立或者姿势有明显异常，最好联系儿科医生做进一步的咨询。

当宝宝熟练掌握扶站，能稳住重心后，你可以鼓励宝宝做各种扶行游戏，先让他扶墙，再拉着他的双手，然后单手拉着宝宝的手领他前行，或者让宝宝扶着椅子或推车迈步。宝宝能熟练扶行之后，你可以增加难度，比如让宝宝学会边走边跨过障碍物。或者在宝宝站着的不远处放他感兴趣的玩具，宝宝就会尝试着自己迈步。等到宝宝逐渐可以控制身体，掌握重心，就能试着一步两步地独自行走了。注意，初学走肯定会有走不稳甚至跌倒的情况。宝宝此时还不会很好地控制重心，步态看起来有点奇怪，这是正常的。如果宝宝摔倒了，尽量鼓励宝宝自己爬起来继续尝试。

宝宝学会了独自站立，能稳住重心后，下一步就要开始练习迈步了。你可以通过下面的"小壁虎学走路"游戏，鼓励宝宝扶墙迈步侧走，一步、两步，逐渐熟练。

大运动游戏 | 小壁虎学走路

道 具

摇铃或沙锤

练习步骤

步骤 1：

选择家里一段墙，清空周围的杂物。让宝宝扶着墙站起来，在旁边护着他，防止他摔倒。

步骤 2：

另外一位家长可以拿着摇铃，在宝宝的一侧，比如右侧，吸引宝宝的注意。让宝宝有动力扶着墙走起来，就像是一只小壁虎在学走路一样。先离近一点，等宝宝走了一步再往后退一步，吸引宝宝一步一步地跟随（见图 1-27）。

图 1-27　走路练习示意图

当宝宝拿到玩具后，及时肯定他："宝

宝拿到玩具啦，真棒！"让他玩一会儿，然后再继续练习。

游戏变式

当宝宝走得比较好时，你可以加入一些挑战。比如将腿放在他前面，让他尝试跨过去，这能很好地锻炼他的平衡感。你也可以鼓励他走过墙的拐角处。

注意事项

- 让宝宝扶着墙站起来，在一侧拿着玩具逗引宝宝，鼓励宝宝扶墙侧走。
- 清空周围的杂物，在旁边护着宝宝，防止他摔倒。
- 根据宝宝的节奏进行，如果宝宝不愿意走了，就让他休息，不要催他练习，避免引起他的抵触心理。
- 如果宝宝站得不是很稳，你可以适度地按住宝宝的支撑手，但是最好不要直接去扶住宝宝，让宝宝有自我调整和控制平衡的机会。

精细运动　　定向投放

这个阶段的宝宝双手已经能活动自如了。指尖的灵巧程度进一步提高，手眼协调能力也进一步提高。他喜欢拿扔、拔插、抠拉等全方位探索玩具。你还可以鼓励宝宝根据指令将物体准确地投入杯内，然后鼓励宝宝手伸进去、拿出来。你也可以鼓励宝宝拿起杯子，转动手腕，将物体倾倒出来以此锻炼宝宝准确地捏取、放入并且翻转手腕倒东西的能力。

这个阶段的宝宝一如既往地喜欢扔东西，不过，你可以帮助宝宝学会定向投放物品，比如告诉宝宝把玩具扔到固定的玩具箱里，规范宝宝乱扔的行为。

另外，此时已经可以开始鼓励宝宝握笔和翻书了。给宝宝买合适的笔和纸，鼓励他胡乱涂鸦。

带宝宝读绘本的时候，你可以鼓励他帮你翻书，锻炼他手指精细运动的灵活性。大部分宝宝，一开始手指还不太灵活，经常一翻好几页就过去了。你可以用手指头悄悄地把下一页调高一点，引导他只翻一页。让宝宝自己翻书，能提升他读绘本的积极性和专注力。

你可以通过下面的"小物体放入倒出"游戏锻炼宝宝的手指对捏能力和手眼协调能力。

精细运动游戏 | 小物体放入倒出

道具

杯子、婴儿手指泡芙

练习步骤

步骤1：

让宝宝坐在餐桌前。

步骤2：

在宝宝面前放好婴儿手指泡芙和杯子，跟宝宝说"宝宝，请你将小泡芙放进这个杯子里"。

由于这些食物体积比较小，可以锻炼宝宝用手指捏起这个物体的能力（见图1-28）。

图1-28 定向投放游戏示意图

宝宝可能一开始捏得不是很稳，容易掉。给他一些耐心和鼓励，相信他会越来越熟练的。

游戏变式

当宝宝把所有的婴儿泡芙都放进去后，你可以请他再把婴儿泡芙倒出来。

注意事项

- 全程陪同宝宝，离开时要将小物体收拾好，以免宝宝将它们塞进口、鼻而发生危险。

认知和语言 **认知身体部位及听指令**

宝宝 10 个月以后，对语言已经有一定的理解能力，虽然会说的词语很少，但是对爸爸妈妈的许多日常用语已经能准确地理解。这时期建议你多给宝宝唱儿歌，提高宝宝对语言的记忆力和理解能力，丰富宝宝的语言词汇量，为宝宝的说话打好基础。在宝宝面前放一些适合全身部位动起来的儿歌，比如《幸福拍手歌》，让宝宝可以在听到一些含动作意义的词时相应地动起来，这能锻炼宝宝的身体意识、大运动技能、听觉和社交技能。

你也可以在日常互动中，引导宝宝去认识不同的身体部位和功能，比如说到鼻子就吸一吸自己的鼻子，说到耳朵就拉一拉耳朵，说到嘴巴就张一张嘴，说到眼睛就眨一眨眼睛，说到眉毛就挑一挑眉。如果宝宝暂时还做不到，你可以抓着他的小手去一一指认。

除了语言理解，宝宝的语言表达也有明显的进步。虽然他的口语表达很少，但是他能通过肢体语言来表达。比如他能够准确地指认谁是爸爸谁是妈妈，同样也能指认家里其他亲人。在不能准确说出一些物品前，宝宝已经能指认。当你说某个物品在哪里，他会去指，比如积木、玩具小车、手机、冰箱、鞋子等。这是宝宝今后进行语言命名的基础。

会听指令并且可以完成指令是宝宝认知和社交发展的一个重大里程碑。你可以通过以下的"小小运输员"游戏，帮宝宝更好地练习听指令。

认知和语言游戏 | 小小运输员

道 具

小积木

练习步骤

步骤1：

让宝宝坐在地垫上,并在他面前摆放一些小积木。

步骤2：

对宝宝说:"宝宝,现在你来当小小运输员,帮爸爸妈妈运送积木好不好?"

然后,继续对宝宝说:"现在,你把这个积木运送给爸爸好不好?"鼓励宝宝拿起积木,找到爸爸并且把积木交到爸爸手中(见图1-29)。

步骤3：

你可以继续发出指令:"宝宝,现在麻

图1-29 听指令练习示意图1

烦你把爸爸手中的积木给妈妈,可以吗?"

步骤4:

如果宝宝还做不到听指令,你可以直接示范动作来引导他,鼓励他尝试去模仿你的动作。比如你自然地拿起一个玩具,嘴上说:"积木拿起来。"然后说:"来,把积木拿给爸爸。"再把积木放到爸爸的手上(见图1-30)。

图1-30 听指令练习示意图2

步骤5:

如果宝宝已经可以很熟练地把积木运送给你们两个人了,此时你就可以多加一个对象。比如爷爷奶奶、外公外婆，或者用家里的玩偶代替。"宝宝，你能把这块积木送给小熊吗？小熊要给自己盖一个积木房子。"

注意事项

- 这个活动需要宝宝听指令，但得保证活动在有趣的气氛下进行，千万不要强迫宝宝去做。
- 当某个指令是多步骤的复杂指令时，很多宝宝这个阶段只能听懂一步指令，需要你帮宝宝分步骤进行引导。如"宝宝，把爸爸手中的积木拿起来"，让宝宝完成第一步动作，然后再说"现在，把积木给妈妈"。

社会情绪　独立意识及假装游戏

这个阶段培养宝宝的独立意识很重要。如果宝宝吃饭时，很喜欢玩勺子，你不妨顺水推舟，教他用小的勺子吃饭。鼓励宝宝自己用勺子吃一些东西，大人用另一个勺子帮助他吃饭。不要怕弄脏宝宝的衣服或桌子，这点小麻烦换来宝宝的自主能力，很值得。你也可以鼓励宝宝模仿大人做家务,比如拿着扫帚扫地或把垃圾扔进垃圾桶,进一步锻炼宝宝的自主能力。

宝宝在社交上,逐渐发展出共同注意[一](joint attention)的能力。也就是利用别人的目光,将自己的注意也放在相同的物体上。这是社会交流中非常重要的能力。你可以带宝宝到刺激相对丰富的环境中,比如小区楼下或者公园。和宝宝一起观察周围的世界。当宝宝对某个人或事物感兴趣时,你可以追随他的目光:"你看到那边的爷爷了对不对?他穿着白色的衣服,在练太极拳呢。""你看到什么了呀?哦,树上有一只小鸟,它身上有黑色和白色,它在唱歌呢,'叽叽喳喳''叽叽喳喳',好开心呀。"让宝宝意识到,别人会关注自己看到的东西。然后,你再鼓励宝宝来关注你看到的东西。"宝宝,你看看小鸟旁边有什么呀?是不是有一朵花?"

另外,"过家家"是宝宝十分热衷的活动,这种模仿日常活动的想象游戏也叫作假装游戏[二](make-believe play)。假装游戏是宝宝认识世

[一] 共同注意指的是儿童和养育者把注意力放在相同的事物上。
[二] 假装游戏指的是模仿日常活动和想象活动的游戏。

界和提高社交能力的重要途径。你可以通过下面的"照顾小宝宝"的游戏，锻炼宝宝的想象力和自理能力。

社会情绪游戏 | 照顾小宝宝

道具

玩偶

练习步骤

步骤1：

你可以告诉宝宝，他是大哥哥，要帮忙照顾玩偶娃娃（见图1-31）。

步骤2：

假装娃娃口渴了，请宝宝拿杯子，给娃娃喂水；假装娃娃肚子饿了，请宝宝拿玩具水果或食物，喂娃娃吃饭；假装娃娃生病了，请宝宝帮忙照顾娃娃，比如让娃娃躺下、给他盖被子。

图1-31 假装游戏示意图

你还可以鼓励宝宝给娃娃洗澡,用毛巾给宝宝洗耳朵、脸颊、肚子等。

游戏变式

这个游戏也可以融入日常生活中。比如一些宝宝不愿意刷牙,就先让宝宝给娃娃刷牙,等娃娃刷完后宝宝也更愿意刷牙了。

晚上睡觉前,也可以让宝宝带着娃娃睡觉,轻轻拍拍娃娃,哄它睡觉。你告诉宝宝:"嘘,安静,我们不能吵醒娃娃哦!"宝宝自己也更愿意睡觉了。

注意事项

如果宝宝听不懂有些指令,你也可以加入游戏,先拿一个玩偶做示范,然后让宝宝跟着做。

第 2 章

0~1 岁宝宝的大脑发育要点

让自己的宝宝聪明成长是每位家长的心愿。很多家长把培养聪明大脑的希望寄托在形形色色的母婴产品上：从出生前就提供给孕妈妈的营养保健品、胎教产品，到宝宝出生以后玩的益智玩具、用的高科技智能设备、上的智力开发课程。这些产品的真实性、可靠性尚待考证，甚至会让新手家长陷入迷茫和焦虑之中。

一开始，它们打出的广告语都很能引人焦虑，如"让宝宝赢在娘胎里""错过宝宝发育的前三年会后悔一辈子"。但是，这些益智产品对宝宝真的有用吗？不管是以前很火的莫扎特古典胎教音乐、紧贴孕妇腹部的胎音胎教仪、儿童专用的平板电脑，还是用卡片快速切换的闪卡训练；不管商家宣称的是能够改善胎儿气质性格，促进宝宝的智力水平，还是能激发宝宝的潜能；不管这些昂贵的早教产品把宣传效果吹得多么神乎其神，但其实还没有任何科学依据证实，这些产品能够对宝宝大脑发育结构产生可衡量的影响，也没有证据显示我们能够靠这些产品培养出更聪明的"超级宝宝"(Principe，2011)。大多数产品仅是在销售一种噱头，其真实效果没有进行过独立检验、双盲实验等严格的科学验证。

那么，如何才能培养一个聪明宝宝？

想要养育聪明宝宝，我们要先成为聪明家长。理解宝宝的成长规律，掌握科学的育儿知识，不但可以帮助我们避开有坑的育儿信息，而且可以大大缓解育儿焦虑。同时，如果家长能在日常生活的沟通中做到处处共情、接纳、启发宝宝，日积月累，才能给宝宝带来更加长远的、积极的帮助。

0~2个月
大脑有自己的节奏，避免给宝宝过度刺激

每一位怀抱婴儿的新手家长都会惊奇地发现，宝宝的头部显得非常大。为什么宝宝的头会这么大？实际上，新生儿的头部占整个身体长度的 1/4，是身体发育得最早的部位之一。有了大脑和神经系统的提

前发育，才会促进个体思维、情绪和行为的发展。

从第 1 章开篇中提到的内容我们可以知道，大脑发育的核心在于神经元和神经连接。在我们的成年期，每个单独的神经元都可能和至少 5 000～100 000 个神经元或身体的其他部分相连，建立数万亿的神经连接。而且神经连接伴随人的一生持续发展，构成大脑信息传递和加工的复杂神经网络。

不过，神经连接不是越多越好。宝宝大脑的神经连接在 1～2 岁达到顶峰，产生了大量多余的神经元和神经连接。从 2 岁一直持续到青少年期（14 岁），大脑会"修剪"掉 40% 没有被刺激或者本身不具备功能的神经元和神经连接。为了保证突触修剪的顺利进行，在宝宝出生以后，开始为他的大脑提供适当的刺激非常重要。

这里的刺激指的是为宝宝提供丰富的环境和个人经历。如果家长对宝宝过度保护或过度忽视，长期让宝宝处于没有任何挑战的"绝对安全"的单一环境里，宝宝大脑神经元的连接会越来越少。就像草原上的小径，鲜少人走时会逐渐还原成草坪。长期缺少刺激也一样不利于宝宝能力的深入发展。所以，家长要注意多带宝宝探索不同的环境，体验不同的经历。就算是在同样的环境和同样的经历下，也可以引导宝宝去观察事物不同的方面，发现不同的玩法，从而刺激神经元产生更多的神经连接。

此外，为宝宝的大脑提供适当的刺激，意味着刺激也不能太多，我们需要警惕过度刺激给宝宝造成的伤害。让宝宝时刻处于刺激性环境中，或者让宝宝面临过于复杂的情况，都会让宝宝的大脑超负荷。举个例子，有的家长过度理解了"刺激大脑发育"的意思，从怀孕到宝宝出生后都安排了满满当当的智力开发产品和课程，比如在孕期就坚持每天用胎音胎教仪给胎儿"听课"。但是，肚子里的胎儿实际上比任何时候都需要一个安静、安全的环境来生长发育。这样的"音乐"可能是噪音，反而打扰了胎儿宝贵的生长时间。还有的家长为了让宝宝"抢跑"，给宝宝提早报名各种课程。殊不知这些过度的刺激，可能破坏宝宝大脑的神经回路，降低学习的积极性。

生命早期是宝宝一生中非常重要的时期，只有遵循宝宝自身的成长规律，给宝宝提供适宜的早教活动，适度刺激，才能够确确实实地提高宝宝的智力水平。

3~4个月
模仿学习,帮助宝宝理解自己和他人

3~4个月开始,你会发现宝宝越来越喜欢望着你笑,而当你回给他一个笑脸的时候,他似乎更加高兴了。其实,这种亲子之间互相回应、模仿的游戏是非常重要的。

模仿是一种强大的学习手段。儿童心理学家梅尔佐夫发现,宝宝通过模仿来学习和探索世界,从而发展认知方面的能力。梅尔佐夫的研究发现,刚出生几周的婴儿就能够模仿成年人的面部表情,包括伸舌头、张大嘴和嘟嘟嘴(Meltzoff & Moore,1977)。这种模仿行为能让宝宝毫不费力地学习复杂行为,掌握更高级的技能。

宝宝也通过模仿建立与他人之间的互动,发展社会性技能。比如,模仿能帮助宝宝学会共情他人,并更好地融入社会团体中(Meltzoff & Williamson,2013)。

从另一种视角来看,家长也能反过来利用宝宝的模仿能力,利用榜样的力量在潜移默化中"修正"宝宝的行为。

有发展心理学领域的研究显示，模仿是一种与生俱来的能力。同时，研究也发现了一系列与先天模仿能力有关的大脑神经元，这种神经元被称为镜像神经元（mirror neurons）。当你看到别人因踢到一块铁板而嗷嗷叫痛时，你自己也会感到疼痛。这是因为你大脑里的镜像神经元能够"镜像"地反映出他人踢铁板时所产生的相同的神经脉冲模式，其表现就是你在心理层面上与他人疼痛的共情（Falck-Ytter et al., 2006；Paulus，2014）。镜像神经元和模仿行为互相激活，两者是互相促进的关系。镜像神经元带来了模仿行为，而模仿的过程又会加速或加剧镜像神经元某些特定的活化以及生长。

镜像神经元帮助宝宝通过模仿理解自己和他人的心理过程，也叫作心理理论⊖（theory of mind），这是发展同理心的前提。随着宝宝长大，镜像神经元有了更大的发展，它可以帮助宝宝连接认知和行动、模仿学习、掌握语言、提升社交能力等。反之，如果宝宝出现镜像神经元的功能失调可能导致自闭症谱系障碍，比如不懂得正确跟别人互动等（Perkins et al., 2010；Hanawa et al., 2016）。

⊖ 心理理论指的是儿童关于心理活动的想法。

那么，如何更好地激活宝宝的镜像神经元呢？早期是通过父母跟宝宝的模仿互动，有句话叫作"妈妈的脸是镜子的前身"。当宝宝望向妈妈的时候，你认为他看到了什么？我们想象一下，如果宝宝在微笑，妈妈同步把她感受到并模仿的微笑返还给宝宝，于是宝宝从妈妈的脸上看到了微笑，进而确认了自己在微笑。也就是说，当宝宝看向妈妈的时候，他看到的其实是镜像中的他自己。

因此，平时我们可以多站在宝宝的角度来理解他的情绪，通过同步宝宝的面部表情、语言和身体接触来表达对他的共情和理解。这样既有助于宝宝向内的情绪调节，也有利于向外的社交发展。

需要注意的是，与宝宝玩模仿游戏时，应及时、积极地与他互动。如果家长不擅长模仿，经常给宝宝冷漠的反应，或者不适合的反应，对宝宝的身心健康都有负面影响。

儿童心理学家爱德华·特朗尼克教授做过一个著名的静止脸实验（still-face experiment；Tronick et al., 1978）。他邀请了一群 1 岁左右的宝宝和他们的妈妈（最小的宝宝才 3 个月）在实验室里互动，一开始妈妈们会对宝宝的各种行为做出积极回应，宝宝们也非常开心。然后，妈妈们被要求不能给宝宝任何反馈了，她们需要面无表情地对着宝宝2~3分钟，这时候宝宝们都开始不知所措了，试图用各种方法引起妈妈的反应。当宝宝们看到自己的尝试没有产生任何的效果时，他们开始难过、尖叫、哭闹，或者用吃手等方式来缓解焦虑。特朗尼克教授后续的实验还证明，妈妈持续对宝宝面无表情的这段时间内，宝宝的心跳加速，身体的压力激素——皮质醇水平明显升高。

可见，当家长跟宝宝模仿互动，并对宝宝的面部表情或动作做出积极回应时，能极大地推动宝宝的发育和发展。反之，那些表现比较冷漠，不善于给宝宝反馈的家长，则可能对宝宝的发育和发展产生不好的影响。

另一件值得注意的事是，宝宝模仿家长的时候不单单是模仿他们的表情动作，而是通过镜像神经元这样一种神经机制传递出与动作对应的感觉和情绪状态。所以，如果爸爸整日怒气冲冲，妈妈整日焦虑万分，这些负面情绪都会影响到他们的宝宝。宝宝长期生活在这样的环境中，容易对他人产生敌意，对心理发展造成不利影响。因此，为宝宝创造一个积极的、充满关爱的成长环境至关重要。

看似简单的互动对宝宝的大脑发育有着重大的作用。此时的宝宝也许既不怎么会动，也不会说话，但模仿表情会让他觉得自己的行为能够对他人产生影响，这是早期能够帮助宝宝理解与他人之间的联系的游戏。以下是简单的模仿小游戏，家长可以每天抽出一段时间跟宝宝互动起来。

游 戏

模仿表情

让宝宝平躺在地垫或者床垫上。家长和宝宝面对面，做出各种表情。比如对着宝宝眨眼，然后观察宝宝的反应。有的宝宝会模仿家长的动作，也有的宝宝只是会好奇地看着家长或者发出"咯咯"的笑声。

你可以依次做睁眼、闭眼、嘟嘴、吐舌、笑、哭、皱眉等面部表情。每做一个表情，给宝宝留出一段观察和反应的时间。

等宝宝月龄更大一些,你可以尝试让宝宝模仿更多的动作,比如在宝宝面前摇晃拨浪鼓、击打玩具。同样地,当宝宝做了一些动作,如拍手时,你可以用相同的动作给予回应。

你还可以让宝宝模仿你的一些声音,比如对宝宝发出"啊""咦""哦"等声音,然后观察宝宝的反应。同样地,当宝宝发出了一些声音时,你也可以用相同的声音回应,来强化他的发音。

温馨提示

宝宝天生擅长模仿,会模仿的宝宝更聪明,更有"情商"。作为家长,我们要鼓励宝宝模仿,同时规范自己的行为,努力成为值得宝宝模仿的好榜样。

5～6个月
建立安全型依恋关系，缓解宝宝的分离焦虑

宝宝5～6个月时，很多双薪家庭的妈妈选择回到职场。很多人会担心，妈妈去上班了会不会影响宝宝的安全感？

首先，心理学上说宝宝有安全感，通常指宝宝与养育者（一般是母亲）之间建立起了安全型依恋关系（secure attachment）。比如宝宝对母亲产生一种强烈而深刻的情感联结，跟母亲相处能带来愉快体验，面临压力时会从母亲身上得到支持和安慰。相反，不安全型依恋关系则会让宝宝显得焦虑，对亲人缺乏信心。

其次，0～2岁是形成安全型依恋关系的重要时期，此时跟父母之间的依恋关系是宝宝未来处理人际关系的底色。大量研究证明，安全型依恋对儿童的发展有长期积极的影响（Bretherton & Munholland，1999）。属于安全型依恋的宝宝比那些不安全型依恋的宝宝更快乐、自尊心更强、更善于社交、更有复原力（resilience，或译为"韧性""心理弹性""抗逆力"等）。所以，父母不必为无法时时刻刻陪伴

宝宝而焦虑，也不用担心重返职场就会损害宝宝的安全感。

6周~6个月正是依恋关系的形成阶段，宝宝开始能区分出熟悉的人和陌生人。对家人开始形成信任感，也慢慢开始认生（Bowlby，1969）。在5~6个月，宝宝随时可能从之前那个谁抱都可以的"小天使"，变成只黏妈妈的"小哭包"。

这种对母亲的强烈依恋，一般在宝宝6个月之后就变得更明确，宝宝也开始出现分离焦虑，妈妈一离开，他就哭得撕心裂肺。虽然这一阶段的宝宝有点烦人，但这恰恰说明宝宝开始把妈妈看作那个特别信赖的对象，把妈妈当成安全感的来源，这也是形成安全型依恋关系必然会经历的阶段。

那么，如何促进安全型依恋关系的形成呢？其中一个尤为重要的影响因素是，养育者对宝宝的需求信号有没有敏感回应。虽然宝宝天生的气质、父母的情绪也会对形成安全型依恋关系产生影响，但是根据包括中国在内的十几个国家的研究发现，对依恋关系起决定性作用的还是父母的敏感性（De Wolff & van Ijzendoorn，1997）。也就是说，父母是否对宝宝的需求信号做出敏感回应至关重要。

拓展阅读

成为能做出敏感回应的父母

到底什么叫敏感回应？具体来说就是父母对宝宝的需求信号能够准确地判断，并且及时、恰当地做出回应。你可以通过抓住以下几个关键点，来帮助自己成为能做出敏感回应的父母。

（1）抓住并准确解读信号

敏感的父母能够注意到宝宝发出的很小的信号，而且可以准确解读宝宝的需求。这对于语言能力有限的小月龄宝宝来说非常重要。敏感的父母可以从宝宝的某些表情、声音或者动作中觉察出他们的内在需求，而不敏感的父母常常忽视一些隐藏信号，或者错误解读宝宝的信号。比如宝宝真正想要的是睡觉，但其表现为两眼有点无神呆滞，此时不敏感的父母往往会以为宝宝感到无聊了，于是不厌其烦地逗宝宝，结果宝宝越来越烦躁。

长期忽视或者错误解读宝宝的需求信号，都可能导致不安全型依恋的形成。由于父母长期不对宝宝的需求做出回应，这类宝宝会认为表达自己的需求和情绪只是一场徒劳。因而,他们在难受时会选择回避或者生闷气,并且拒绝别人的安慰。

(2)及时回应

对信号的解读还需要落到实处。当宝宝有需求时,敏感的父母会迅速做出回应。不敏感的父母即便明白宝宝的需求,也常由于种种原因而拖延或者行动力不足。比如敏感的父母能根据宝宝每天进食和睡眠的状况,及时且灵活地调整他的作息时间,不敏感的父母则常常错过调整的机会。

另外,有的父母担心如果对宝宝事事有回应会让他们变得过度依赖,会"宠坏"宝宝。事实上,安全型依恋不等于"过度依赖",恰好相反,安全型依恋的宝宝更自信与独立。研究发现,建立安全型依恋后,宝宝对母亲的依赖性反而降低了(高普尼克,2014)。即使父母不在身边,宝宝仍然感到有充足的安全感。就算整日跟家人分开、待在托儿所等机构里,也不会危害到那些已经形成安全型依恋关系的宝宝。除非亲子之间是不安全型依恋关系且托儿所的环境特别恶劣，才会给宝宝带来负面影响。

如果不及时回应宝宝，可能会导致不安全型依恋的形成。因为宝宝不确定父母能不能回应，何时回应，所以他会变得容易焦虑、更黏人、缺乏自信，并且依赖性很强。

（3）能够调和宝宝的需求和父母的意愿

除了能够准确地解读并及时回应宝宝的需求，敏感的父母还需要拥有一项关键能力，那就是能够调和宝宝的需求和父母的意愿，并做出恰当的回应。

敏感的父母不代表对宝宝所有的需求都予以满足，父母需要在面对宝宝不合理的需求时学会引导宝宝。比如妈妈看到宝宝嘴巴在动，并且有些烦躁，她能意识到宝宝饿了。但是很快就要吃午饭了，现在吃饭会打乱家里的午餐计划，也不利于宝宝养成固定的作息时间。于是，妈妈会给宝宝拿一些小零食垫垫肚子，并通过跟宝宝做游戏来转移他的注意力，等到了午餐时间再吃饭。

另外，父母也不能全以"为宝宝好"或者"为父母行方便"为

> 理由推行自己的意愿，压制宝宝的需求。有的父母为了让宝宝少哭，认为宝宝哭了不要抱，不哭才抱。当宝宝哭闹，想要被抱一抱、寻求安抚的时候，父母长时间不去回应，而是反复强调"不哭才抱"，这反而会升级宝宝的情绪。
>
> 总之，宝宝的需求和父母的意愿之间常有冲突，父母要做出权衡和恰当的反应。不恰当的反应会让宝宝对父母冷淡，认为父母在自己需要帮助的时候，不会给自己有效的支持。

但是，想要成为敏感的父母并不容易，需要父母对宝宝持续投入积极的关注，用热情、合作的方式去和宝宝互动。不过好在安全型依恋是相互的，你会发现当你用心回应宝宝时，宝宝也会用爱回应你。渐渐地，安抚宝宝变得越来越容易，你们之间也建立起了牢固的安全感。而且一旦建立起安全型依恋，即使在未来会遇到压力，宝宝也知道家人会支持自己，那么他就会更有信心去挑战和解决问题。

此外，虽然对母亲的依恋是主要的，但宝宝也可以从与家庭其他养育者的关系中受益（Bowlby，1969）。如果宝宝能从别人那里得到高质量的互动和情感上的支持，就能建立起多重依恋关系（multiple attachment），即宝宝不仅对自己的主要养育者（如母亲）发生依恋，而且对生活环境中的其他许多人，比如父亲、祖父母甚至保姆建立依恋关系（Roopnarine et al.，1990）。这样就算母亲去上班，宝宝也能从这些养育者身上获得安全感，缓解分离焦虑。

或许你还会担心，宝宝跟其他家人亲近了，会不会影响他跟母亲的亲密度？事实上，不仅不会影响，建立起多重依恋关系还可以促进宝宝的社交和情感发展。研究表明，当一个积极响应宝宝的父亲跟宝宝发展成安全型依恋关系时，母亲仍然是宝宝最主要的依恋对象，父亲的主要角色是宝宝的游戏伙伴，双方各自起着不可替代的作用。

因此，在这个阶段，当你面对重返职场的选择时，大可适度放手，重视父亲以及其他家人在育儿中的重要性，让更多人有机会接触宝宝。在生活中鼓励家人们对宝宝敏感回应，跟宝宝进行高质量的互动玩耍，比如多拥抱与抚摸宝宝、带宝宝洗澡、做抚触操、给宝宝唱儿歌等，建立起多重依恋关系。

本阶段除了要对宝宝的需求信号做出敏感回应,为安全型依恋关系的形成打好基础,我们也应该为宝宝即将到来的分离焦虑做好准备。此时很多宝宝跟妈妈分别时还没有太大的反应,这正是跟宝宝养成告别仪式的最好时机,比如每天出门前跟宝宝挥手说"拜拜",告诉他"妈妈要去上班了,宝宝先跟家人玩,妈妈下班就回来",然后亲一亲或者抱一抱他。和宝宝做好告别仪式,并成为一种习惯时,宝宝会知道告别是可以预测的,因而不会太焦虑。如果等到宝宝已经有了分离焦虑,在父母因上班而暂时离开时,宝宝往往会变得更加焦虑。

如果宝宝因为妈妈去上班而出现了一些分离焦虑的情绪,你也可以通过以下游戏缓解宝宝的分离焦虑。

游 戏

找呀找呀找妈妈

每天早上妈妈上班之后,可以让其他家人和宝宝玩这个游戏。

首先家人对宝宝说:"妈妈去上班了,暂时不在家里,我们去看看妈妈在哪里吧。"然后带着宝宝到房间各处去找一找，边找边问："妈妈！妈妈！妈妈有没有躲在床上面呢？妈妈有没有躲在门后面呢？"还可以给宝宝闻一闻妈妈常穿的衣服的味道："你闻，这里有妈妈的味道。这是妈妈的衣服！"

在这样边找妈妈边玩的过程中，也可以帮助宝宝找到一个释放分离焦虑情绪的出口。等他情绪逐渐平复后，其他家人就可以转移宝宝的注意力，引导他去做其他活动了。

7～8个月
理解因果关系，是宝宝智力发展的里程碑

宝宝 7～8 个月时，会开始注意到事件之间的顺序关系，即行为会产生对应的结果。儿童心理学家高普尼克认为，这是宝宝在认知发展的过程中，理解因果关系⊖的表现（高普尼克，2014）。比如当宝宝

⊖ 因果关系是宝宝对于一个事件（因）能带来另一个事件（果）的理解，对宝宝逻辑思维的培养非常重要。

哭泣时，父母会立刻过来安慰或给他喂食；当他按捏发声玩具时，玩具会发出美妙的音乐；当他用汤匙敲打桌面时，桌面会发出清脆的响声。当宝宝开始意识到他的行为可以改变并影响周围的事物时，他会开始不断观察、试验如何用行为改变结果。

这个时期的宝宝就像一个科学家、研究者，同时也像一个"超级捣蛋大王"。他会乱扔食物来观察自由落体，敲打手边的勺子来听声音的不同，把浴缸里的水搅和得一团糟来观察波纹，或是把东西反反复复从盒子里拿出来再搬进去。

从这个阶段开始，父母也许会越来越劳累和烦躁。但是理解因果关系是宝宝智力发展的一个重要里程碑，从长远的角度来看是非常重要的。随着对因果关系的理解加深，宝宝不但学会了在事件之间建立联系，到了3岁左右还学会对可能发生的事件进行预测，并反思什么事件会导致结果。这种思维的成长让宝宝更容易理解世界的运行规律，也帮助他更好地计划、控制自己的行为。

以下是三个帮助宝宝理解因果关系的方法：

（1）对宝宝的反应保持一致、有规律

你需要尽可能保持宝宝的生活有规律、可预测。如果你在每次宝宝行为相同时做出不同的反应，宝宝将很难理解你的反应背后的逻辑。当宝宝的世界因果链条越清晰、越一致时，他就越容易观察到这之间的逻辑。

比如，每当小宝宝哭泣的时候，你都应该过去安慰并抱抱他，而不是经常无视他。每次宝宝冲着你微笑的时候，你都应该对他微笑回去，而不是时冷时热。宝宝的日常生活，比如吃饭的时间、睡觉的时间也应该是固定的，而不是不确定的。

（2）提供会有明确而有趣的反应的玩具

如何在生活中引导宝宝关注因果关系？你可以用一些特定的玩具引起宝宝的兴趣，帮助宝宝建立自己的身体行为跟周围事物之间的因果联系。

比如对小月龄的宝宝，可以把玩具挂起来，引导宝宝用手、用脚去摆弄，感受玩具碰撞的声音，同时帮助宝宝将随意的腿部动作变成有意控制的行为。对月龄稍大的宝宝，可以买一些一按就响，或者有触发机关的玩具，让宝宝将动作和声音、事件联系起来。

（3）鼓励宝宝关注各种因果关系

你还可以鼓励宝宝关注生活中的各种因果关系，并帮他们理解这些常见的因果关系链条。比如引导宝宝看到自己行为的结果：按一下电梯按钮，电梯门就开了；按一下遥控器，电视就出现画面了；按一下手电筒，手电筒就发光了；推一下积木，积木就倒了。

你也可以引导宝宝注意各种与日常生活有关的常识性的因果关系。比如：戴上帽子出门就不会被太阳晒伤；下雨之后天空会出现彩虹；种上种子浇上水之后，种子会长成花。

总而言之，理解因果关系对宝宝逻辑思维的培养、认知能力的发展非常重要。宝宝对因果关系的理解，是在跟外界环境交互的过程中逐渐发展的。给宝宝更多跟外界交互的机会，能更好地帮助宝宝理解因果关系，从而促进其智力的发展。

9～10个月
重视呼名反应，了解宝宝智力发展的进程

在宝宝 9 个月时，有一项非常容易被家长们忽视，但在宝宝发展过程中非常重要的行为需要引起重视，那就是宝宝的呼名反应行为。

什么是呼名反应？就是当别人叫你名字的时候，你给予的回应。你可能会立刻看向别人，或者朝别人挥挥手，又或者直接说"我在这儿""什么事啊"，这些都是呼名反应。

宝宝一般在 5～7 个月的时候被叫名字就会有反应，这是智力发展的一个标志。如果宝宝到了 9 个月的月龄，仍然对自己的名字没有反应，那就是"呼名不应"，此时家长需要警惕起来，对宝宝进行一些呼名反应的练习，并密切关注宝宝是否存在智力发展迟滞或者听力问题。如果宝宝到了 1 岁，仍然对自己的名字没有反应，家长更加要重视，因为呼名不应是可以最早观察到的孤独症特征之一。

孤独症是什么？孤独症也称自闭症，它是一种神经发育性障碍，主要特征是孩子的社会交往能力和语言沟通能力低下。罹患孤独症孩

子好像活在自己的世界里，没办法与别人正常交流，所以孤独症孩子又被称为"来自星星的孩子"。

可能你在电视上、网络上，都看到过孤独症孩子的新闻。根据国家卫生健康委员会发布的《0～6岁儿童孤独症筛查干预服务规范（试行）》数据显示，我国儿童孤独症患病率为7%。

医生一般最早能在孩子2～3岁时给出孤独症诊断，而家长最早可以在孩子1岁之前就观察到很多征兆，达到早发现早治疗。因为儿童的神经系统发育不成熟，越早介入治疗大脑的可塑性越强，孩子正常化的可能性就越高。

这些孩子还有以下几类早期特征：第一，不能跟别人产生共同注意，也就是不能和别人关注同一个物体或事件。比如，你指着洋娃娃说："宝宝，看，娃娃。"如果宝宝知道顺着你的手指，跟你同时看向洋娃娃，这就叫共同注意。共同注意在语言和社交技能的发展上非常重要，一般在4个月左右，宝宝会开始表现出共同注意。10个月左右时，宝宝跟家长交换信息沟通的意愿更强烈了，跟家长的共同注意也会更准确（Brooks & Meltzoff，2005）。如果到了9～10个月的月龄，宝宝仍然不会追踪家长的视线，你要警惕起来。第二，跟人目光接触异常，特别是很少看别人的眼睛。比如不看或少看别人，包括自己的亲人。第三，不指或少指。宝宝缺乏一些恰当的肢体动作，比如对不感兴趣的东西，不会摇头表示不要，而对感兴趣的东西，不会有目的地指着物品给家长看；看到熟人不会模仿动作表示欢迎，跟别人分开不会挥手说再见。如果宝宝1岁时，还没有任何语言、指示动作或其他手势，你就要警惕了。当宝宝符合上述特征时，家长应格外重视，及时带宝宝到儿童保健科或康复科等专科门诊进行筛查。

游 戏

呼名反应

如果宝宝没有呼名反应的意识，你可以坐在他的正对面，大声地叫他的名字，如果他看着你，就立即用语言或动作鼓励他。如果他仍然转头没有注意你，你可以边叫他的名字边碰碰他的头，让他注意到你。

等宝宝有一些反应了,你可以逐渐拉开你们之间的距离,或者在方向偏一点的地方喊他的名字,鼓励他转头去找你。如果你叫他而他没有反应,你再主动走进他的视线范围,并寻找他的目光,同时叫他的名字,唤起他的注视。直到叫他十次有八次回应,说明他已经比较好地掌握呼名反应了。

11~12个月
宝宝胡言乱语的能力,比开口说话更重要

生命的头几年是人一生中掌握语言最迅速的时期,而0~1岁是宝宝说出第一个有意义单词前的重要准备时期。有人在宝宝会说一两句话之后才开始重视语言启蒙,但实际上7~12个月还不会说什么话的宝宝已经能听懂一些语言,并且能够根据家长的指令做出反应了。

一切还得从基因说起。宝宝大脑中控制语言发展的各个中枢成熟

的水平不同，其中听觉中枢发育得比较早，所以宝宝才能广泛地获取外界的各种声音，而他们的听辨能力也是先于发音和表达的。这也是为什么宝宝的理解能力要好于表达能力，你会感觉到1岁的宝宝虽然不怎么会说，但已经懂了很多东西。只有语料库积累得够多了，语言中枢才开始发展，宝宝才会开口说话。很多家长觉得宝宝说话很晚，其实是宝宝的语言中枢还没有发展起来。不要着急，每个宝宝语言中驱发展的速度是不同的。有的宝宝发展得比较快，有的宝宝发展得比较慢，但大部分宝宝最终都能健康长大。

基因为宝宝的语言学习提供了发展的框架，而后天环境的刺激、父母的语言的教育，则可以促进语言中枢的健康发展，帮助宝宝充分发挥语言方面的潜力。所以，在宝宝1岁之前，我们要给他们足够的语言刺激、听觉经验，提供丰富的语言输入。比如多陪宝宝玩，跟他们聊天说话，给他们放音乐或唱歌，营造出丰富的语言学习环境，做好宝宝的语言启蒙。

帮助宝宝从咿咿呀呀到说出有意义的词的关键是，宝宝语音意识的萌芽（Boysson-Bardies & Vihman, 1991）。语音意识指的是能够识别出构成单词的声音，这对宝宝来说，可以是当他们识别出单词尾音时的押韵，比如"a"是张大嘴巴时发出的声音，"爸爸""妈妈"都是以 a 为结尾的词。如果你发现宝宝会有意识地发出相同尾音的词，那么此时你就可以开始注意语音意识的培养了。

比如跟宝宝说话的时候故意说慢一些，更注意发出清晰的语音和语调，让他去注意你口型的变化。比如，当宝宝偶尔蹦出"a"音的时候，你可以张大嘴，发出标准的"a"音，还可以连着说"a-a-a-ma-ma-ma"，你甚至可以抓住宝宝的手，放在你的嘴边，然后发"a"音，让宝宝真切地感受发这个音时嘴唇的变化。

不过，这个阶段家长也不一定要强求宝宝能模仿并发出一些有意义的词。对这个阶段的宝宝来说，他能发音的数量和种类，比发出的音本身是不是有意义更重要，宝宝嘴里能发出的各种音调越多，他未来开口说话才会更容易。此时，我们还是以给宝宝大量输入语言为主，鼓励宝宝尽量多地发出各种各样的声音。

第 3 章

做好压力管理，
守护宝宝大脑健康

压力管理是个极容易被父母忽视，但是在宝宝大脑发育过程中又极为重要的课题。想要保护宝宝的大脑健康，我们不能忽视压力的作用。

位于大脑中央的海马体○（hippocampus）对我们处理压力具有非常关键的作用。安妮·里夫金-格拉博伊教授对出生才两三周的宝宝和他们的父母进行了持续半年的观察。当对比这些宝宝出生两三周和出生六个月的脑部影像时，他惊奇地发现，父母在这短短半年内对宝宝养育方面的差别，就已经造成了宝宝大脑海马体结构的不同（Rifkin-Graboi et al., 2015）。

那些受到适度压力的宝宝大脑的海马体要更大一些，因为他们的父母不会给宝宝非常全面的保护和支持，这就需要他们在日常生活中独自处理一些压力，从而让大脑得到了一些锻炼的机会。但是请注意，极端和长期性压力会产生相反的作用。如果宝宝很少获得父母的积极

○ 海马体是大脑的重要部分，是组成大脑边缘系统的一部分。

回应，他们会被迫内化压力，当身体中的压力反应系统一直保持高度紧张时，就会给宝宝的心理和行为造成极其消极的影响。

此时，我们一方面要避免对大脑进行过长时间的施压，或者短时间内进行高强度的施压。这些错误的教育方式都可能让宝宝承受超过限度的压力，给宝宝带来有毒压力。另一方面，学会和积极压力与可承受的压力相处是宝宝健康发展的必要阶段。此外，学会和压力相处，我们需要发展复原力。宝宝并不是天生就具有复原力的，它需要家庭、社会和宝宝多个保护因素相互作用而产生。

压力管理不仅能帮助父母避免错误的管教方式，为宝宝全面构筑温暖的支持性环境，还能培养宝宝的抗压力和复原力，对宝宝一生的持续稳定发展有巨大帮助。

有毒压力、积极压力与可承受的压力

有毒压力

近年来，越来越多权威研究机构发现，童年创伤会使还未发育完善的大脑处于一种被有毒压力(toxic stress)过度激活的状态,影响宝宝大脑结构和其他器官系统的发育,并且对宝宝未来的学业成就、经济水平、社会关系和整体幸福感产生长期的负面影响(Nelson et al., 2020)。而宝宝的这种负面经历和自然的神经修剪一样,会造成神经元的死亡和神经通路的断裂,最终给大脑带来生理上的伤害。如果想等到成年以后再干预或"修复"它们,成本会非常高昂。

什么创伤可能造成有毒压力呢?可能是孩子受到家庭暴力;可能是精神上被羞辱和虐待;可能是父母对孩子的长期忽视;可能是家庭经济困难;还有的不一定是在家庭,而是在校园、社会中遭遇霸凌。如果这些由家庭、学校和社会施加的压力过于强烈、频繁或长期持续,而且在这个过程中孩子始终没能得到足够的成年人支持,就可能产生有毒压力。

积极压力

有毒压力会造成大脑和身体的损伤,但并不是所有的压力都是我们的敌人,实际上,有的压力甚至是我们的朋友。少量适度地对宝宝施压甚至可以增加大脑的神经连接，压力也是宝宝健康发展的必要组成部分。

有一类压力叫作"积极压力"，积极压力会带来短暂的心率、血压和激素水平升高等生理反应。比如宝宝第一次去一个陌生环境，带宝宝接种疫苗，宝宝尝试独自站立但是摔倒了，多次搭建积木但是失败了。积极压力会激活宝宝的应激反应，但是在支持性环境下，这些反应会缓和并回到基线。

如同锻炼肌肉一样，这些适度的压力体验会帮助我们的身体在应对挫折时做出正确反应，建立起健康的压力反应系统。这样，不论在生理还是心理上，我们都能更好地应对生活中的障碍和困难。

可承受的压力

还有一类压力叫作"可承受的压力"，这类压力比积极压力更严重一些，会引起身体更大的应激反应。例如遭遇了亲人、宠物死亡等变故，或是遭遇了自然灾害等意外事故。这种压力虽然比较严重，但如果持续时间不长，宝宝也能及时得到成年人的支持，这种压力就不会转变为有毒压力，宝宝也能从挫折中恢复过来。

警惕有毒压力，避免暴力沟通与过度养育

不是所有的压力都是坏的。我们需要防范的是有毒压力对宝宝在生理和心理上造成的损伤。跟有毒压力有关的一种教育方式是体罚式、打骂式教育。一些人相信"棍棒底下出孝子""不打不成器"，习惯用打、骂、惩罚的方式教育孩子。或者歪曲了"挫折教育"的含义，认为孩子能通过打骂长记性。但事实上，孩子只会一而再再而三地重复犯错。

为什么打骂无法让孩子长记性？这要从大脑的功能谈起，很多人以为大脑存在的意义是学习、思考。其实，大脑的首要功能是帮助我们生存下来，学习只是一种"副产品"。当大脑觉得自己处在一个受到威胁的环境中时，它的首要任务是调动各种资源来确保安全，而不会拿剩余的资源来学习。研究发现，当父母使用严厉的育儿方式（如责骂、大声吼、打屁股）时，孩子在青春期时的大脑尺寸会比同龄人小，大脑体积减小最显著的区域是杏仁核和前额叶皮质，而它们与情绪处理以及焦虑和抑郁的发展有关（Suffren et al., 2022）。责骂孩

子只会让他丧失自尊和安全感。如果你希望孩子是乖巧听话的,能从一次错误中得到成长,恰恰不能进行暴力沟通。你应该给孩子创造一个让他觉得安全的环境,在那样的环境下跟他讲道理,他才听得进去。

避免暴力沟通

哪些暴力沟通要避免?

(1)爱的撤回

爱的撤回是一种广泛存在但最不为人重视的暴力沟通方式。最明显的一种行为就是当宝宝没有达到父母的预期时,父母直接告诉宝宝:"妈妈不爱你了""我不要你了""真后悔生了你"。有的父母则是用冷暴力表达爱的撤回,比如变得冷漠、直接走开,或者控制宝宝的行动。这些做法看起来没有那么暴力,也往往可以立竿见影地让宝宝顺从,所以很多父母倾向于使用这种方法。但其实爱的撤回跟体罚没有本质区别,都是向宝宝表达:如果你不按照我想要的方式做,我就会对你进行精神或者身体上的惩罚。这种状态下的宝宝容易焦虑、自卑、缺乏安全感，因为他们一旦不小心做错了什么，他们就会"失去父母的爱"。

（2）威胁

威胁是一种父母最常用的暴力沟通方式，但它实际上是亲子沟通的绊脚石。比如有些父母会说："你再这样哭，警察就会来抓你。"这是一种常用的威胁，暗示宝宝如果不配合，将可能受到某些惩罚。

很多父母以为要在宝宝面前树立自己高高在上的姿态，语言上盛气凌人，行为上武断暴力。但正确的做法应该是把命令用请求的语气说出来，让宝宝更容易接受，而不是强迫执行。

（3）侮辱

侮辱也是一种暴力沟通的方式（这种情况在宝宝长大一些时更容易出现）。一些父母情绪失控的时候喜欢对孩子人身攻击，如"这么简单的题目你都不会，你真笨""字写得太差了，蠢死了""只拿这么点分，你真是个学渣"。这些侮辱会激起孩子羞愧（shame）的情绪，羞愧会让孩子退缩、压抑或愤怒。如果父母只批评行为，就事论事，比如"你答题时写得有些潦草,有几处错误的地方。比如这个地方……这个地方……还有这个地方……",此时孩子只是感到内疚(guilt)。而内疚能推动孩子弥补错误,避免错误。

避免过度养育

比起打骂式教育,一些现代父母走向了另外一个极端,不敢让宝宝承受一点压力,对宝宝过度保护、过度干涉,这种行为也叫作过度养育(over-parenting)。这类父母像直升机一样围在宝宝身边监控他的一举一动,时刻撑起"保护伞"生怕宝宝受到一点伤。"直升机"父母最容易培养出一碰就破的"草莓族"宝宝。这些宝宝非常脆弱,受不了一点挫折,遇到困难容易慌乱,没有独自解决问题的能力。

如果父母喜欢替宝宝包办各种事务,宝宝在早期积累不了足够的压力体验,在未来面对更大压力时就容易束手无策。比如有的父母认为要对宝宝付出最大的关注和回应,但实际上,你不必为偶尔的缺乏回应、暂时的注意力不集中而过于自责。在安全感得到满足的前提下,一两次的疏于照顾不会对宝宝造成太大影响。等宝宝长大一些时,有的父母在他面前还会避谈生离死别、天灾人祸,但实际上,用他可以理解的方式跟他谈论生离死别是非常好的生命教育。

如同前面提到的内容,宝宝需要适度的压力体验来帮助身体建立起全面的压力反应系统,最直接的办法就是在生活中通过各种大大小小的失败体验去磨砺自己,为真正的挑战做好准备。

适度的压力体验应该遵循"n+1"的原则,也就是说,应该在原来的压力水平上只加一点压力。虽然让宝宝感到压力,但宝宝也知道在父母的帮助下是可以努力克服的,这样才是积极的压力反应。比如宝宝开始学爬的时候,父母有意识地拿玩具在前面引导,并且将玩具一次比一次放得更远一些,引导宝宝往前爬。如果宝宝在每次挑战新距离时有畏难情绪,就用语言加肢体的方式鼓励他继续。

培养有复原力的宝宝,面对压力积极成长

压力对宝宝的身心健康发展有消极影响,也有积极影响。科学家发现了一种神奇的力量,既可以将潜在的有毒压力转化为可承受的压

力，也可以促进积极压力对宝宝产生的正面影响，那就是培养宝宝的复原力。

复原力是近年网络上的热门搜索词，在心理学领域的意思是面对逆境时的适应能力。当一个人面临压力甚至创伤的时候，复原力可以帮助他较好地恢复，走出阴影。

最著名的研究复原力的学者是美国发展心理学家埃米·沃纳（Emmy Werner），她用 32 年的时间追踪了夏威夷考爱岛上的 698 个孩子。考爱岛本身是比较贫穷的岛屿，这些孩子中有近 1/3 生活在贫困、压力大的环境中，而且父母都存在一定的问题（失业、酗酒、精神疾病等）。

沃纳博士从孩子们出生到他们 30 多岁持续追踪研究，结果发现，有 2/3 的孩子确实在童年时期就出现了各种心理健康或行为问题，未来也陷入恶性循环。让沃纳博士意外的是，还有 1/3 的孩子虽然在非常糟糕的成长环境中长大，但是他们走出了童年阴影，成长为自信、能干、关心他人的优秀的成年人。在学业、家庭和事业上都获得了成功（Werner & Smith，2001）。沃纳博士将这 1/3 的孩子称为有复原力的孩子（resilient children）。

对于有复原力的孩子来说,当他们面对压力、困难时,不会就此沉沦,而是总能在挣扎的过程中获得积极的成长。他们会想尽办法,可能是积极寻求帮助,可能是找到另外的解决途径。他们不一定总能成功,但能在面对失败的时候告诉自己"我还能做得更好"。

另外,这些有复原力的孩子长大后更容易达成目标,他们在学业和社交上会更加顺利,他们的抑郁程度更低,自尊水平、幸福感更高。

复原力是帮助孩子治愈童年的关键能力。脑科学的研究发现,复原力的神经机制要到中年才完全发育成熟,但是童年时期的培养是非常重要的。以下是培养良好的复原力的三个秘方(Werner,2013)。

(1)让宝宝和父母保持支持响应的关系

复原力最重要的基石是宝宝至少应该与一个成年人(爸爸、妈妈或者身边其他的亲人)之间有一个稳定、关爱和支持的响应关系。

研究发现,年幼的大脑特别依赖这种亲子之间的互动关系(Nelson et al.,2020)。家长提供亲密的照顾,及时、适当地回应宝宝的各种信号,这样的互动是大脑神经连接的基础,可以促进大脑健康发育。如果没有良好的亲子关系，就会产生压力，宝宝大脑的结构便无法得到最好的发展。举个例子，当宝宝哭闹时，体内的压力激素（皮质醇和肾上腺素）的水平会升高，如果此时家长能够和宝宝目光接触，说话安慰，拥抱和抚摸宝宝，就能减少压力激素，刺激宝宝体内的抗压激素——催产素的分泌，使宝宝逐渐感到放松和安心。长此以往，宝宝的大脑中会建立起一种正向的神经连接，塑造大脑神经结构。相反，如果家长对宝宝的反应不恰当或者根本没有反应，宝宝大脑的发育结构就会受到干扰，大脑得不到它需要的积极刺激，长期下来容易产生有毒压力，损害身心健康。

亲子之间保持比较灵敏的响应关系可以帮助宝宝应对大多数积极压力和可承受的压力，并且为产生有毒的压力反应提供必要的缓冲保护。例如，很多0~1岁的宝宝面临睡眠调节的问题，安全稳定的家庭关系可以帮助家长更好地给宝宝做睡眠调节，不用担心宝宝因为学习睡整觉、每晚连续哭二三十分钟从而引发有毒压力。

此外，具体什么样的关系才是支持响应的关系呢？哈佛大学儿童发展中心和联合国儿童基金会（UNICEF）总结出了一套亲子互动法——发球与传球（Serve & Return），它是指和宝宝的互动要像网球规则中的发球、接球和传球一样，要有来有回，懂得支持宝宝与回应宝宝的需求。6 个月到 3 岁是宝宝大脑发育的第一个高峰期，这套亲子互动法不但可以指导高质量的亲子互动，也是语言启蒙的好帮手，可以促进宝宝大脑发育。

拓展阅读

"发球与传球"的亲子互动法

（1）发球：跟宝宝形成共同注意

宝宝才是亲子互动的"发球方"，家长应该是跟着宝宝的兴趣走。由宝宝主导表现出对某个事物的兴趣，家长再及时关注并与宝宝形成共同注意。而不是宝宝的注意力明明在别的地方，但是家长强行把他的注意力拉过来。有的家长教宝宝学语言的时候，以为只要拿着识字卡片、图形卡片一遍遍地逼着宝宝去读、去认就可以，但其实这样的互动方式对于小月龄宝宝学语言来说是不利的。机械的学习容易让宝宝失去兴趣,而且单一图形能够传递的信息有限,只有和宝宝面对面互动的时候信息的传递量才最大,宝宝能学到的知识才最多。

宝宝虽然是互动的主动方,但家长应该做好辅助工作,敏锐地观察到宝宝的兴趣点,知道宝宝喜欢玩什么,习惯用什么方式玩耍,也就是替宝宝找到要发的那颗"球"是什么。可能是发现宝宝流露出的一个眼神、动作或者声音,找到那颗"球"再开始和宝宝互动。比如当发现宝宝眼睛盯着你家桌子时,你也看向桌子,并说:"宝宝,桌子那边有什么呀?"宝宝"啊啊啊"叫着,并且指着桌子上的一袋水果。于是你对宝宝说:"哦,你看到桌子上的这袋水果了吗?"家长多挖掘宝宝的兴趣点,只有非常了解宝宝才能持久地和宝宝保持共同注意。而和宝宝保持共同注意,不但有利于两人以后更多地沟通互动,也能促进更良性的亲子关系。

(2)接球:家长支持和鼓励

当宝宝"发球"并且被家长及时注意到时,下一步就要好好"接住"球。如何做呢?你不但需要通过语言、动作或表情让宝宝知道你注意到了同样的事情,更要让宝宝知道你对他的观察是支持和认同的,这样才能鼓励宝宝继续往更深的层次探索。还是用水果的例子,宝宝发现水果时,你可以对他点点头,说:"宝宝,你观察得真棒!我们来好好看看这袋水果里有些什么好不好?"如果不是用语言鼓励,你也可以用行动鼓励。比如给宝宝一个微笑和点头,然后把桌子上的水果拿下来给他看。总之,要让宝宝知道他的想法正在被你倾听和理解。

(3)接球:扩展宝宝的语言词汇

接下来这一步对于语言启蒙时期的宝宝非常重要,就是和宝宝互动的时候,你要边玩边用语言把宝宝的所见、所做或感受描述出来。虽然此时宝宝可能还不会说话,甚至理解能力也有限,但你此时的语言输入为宝宝的大脑建立了很重要的词语联系。

比如你拿出水果袋里的一个苹果,边让宝宝观察边说:"哦,这是苹果!"当宝宝拿着苹果开始把玩起来,你可以对宝宝说:"红红的苹果真好看,摸起来滑滑的,对吗?闻一闻,香香的。妈妈吃一口,好甜呀!真好吃。"从颜色、触感、气味、口感等各方面帮宝宝扩展词汇量。

(4)传球:家长和宝宝轮流发言

下一个关键点是轮流发言。亲子沟通是双向的,家长说完话要耐心等待宝宝反应,就像网球选手接到球之后,要把球传回去。特别是在宝宝学说话的初期,他们需要更多的耐心和鼓励。有的家长虽然是很好的表达者,却不是很好的沟通者,只顾着自己说却不懂得读宝宝的信号并刺激宝宝发言。久而久之,这对宝宝的语言、理解能力、认知能力的发展都是不利的。

如何把球传回去呢?比如你可以蹲下来,眼睛平视宝宝,让他觉得这场对话是平等的,然后多提问,引导宝宝回答:"要不要吃苹果?要吗?"问完问题耐心地等待一下。有的时候宝宝还不会回答或者发音不准确,家长只需要用鼓励、温暖的语气把正确答案再说一遍。

(5)传球:由宝宝主导结束活动或开启新活动

最后一个关键点是要关注宝宝给出的想要结束或开启新活动的

> 信号。宝宝玩耍的特点就是游戏项目很丰富，但每项游戏持续时间都不长，一会儿看绘本，一会儿拼拼图，一会儿……有的家长习惯用成年人的思维要求宝宝，比如期待宝宝能一口气看完一本绘本、一次性拼完所有的拼图。实际上宝宝的注意力远远不及成年人，宝宝可能翻了几页书就被别的玩具吸引了，玩一两分钟玩具注意力又转移了。

心理学家高普尼克将家长的注意力比作聚光灯，比较集中且专注，宝宝的注意力则像灯笼，比较分散且短暂。当宝宝出现兴趣转移时，我们要尊重他们的注意力模式，关注他们注意力转移的时刻，并且及时做出调整。比如跟宝宝共读绘本的时候，有的宝宝只对特定的一两页内容感兴趣，但一些家长为了故事的完整性会强制带宝宝读完所有的内容，殊不知宝宝早已心不在焉，对绘本失去了兴趣。

如果你想要提升亲子互动的质量和时长，你要学会跟随宝宝的节奏，如果宝宝只喜欢特定的一两页内容，就专门带宝宝读那一两页的内容，并适当地添加新细节来丰富内容。如果发现宝宝注意力转移了，比如转头看别的地方、拿别的玩具,你也不要纠结,应该顺势开展新的活动。不用担心,只要宝宝能够一直保持探索欲,随着年龄增长,注意力集中时间变长,他自然能够花更多的时间读书。

熟练掌握这 5 点亲子互动诀窍,不仅可以促进高质量的亲子关系,给宝宝提供有力的支持和响应,还有助于宝宝建立自信,培养解决问题的能力,学会重要的社交技能。不管是对宝宝的语言发展还是大脑发育,都很有帮助。

(2)为宝宝提供安全且稳定的环境

促进复原力的第二个秘方是要给宝宝提供安全且稳定的环境,包括生活环境、住宿条件、社群环境等。混乱或不稳定的环境,比如一些留守家庭、寄养家庭或者一些由于经济不稳定或自然灾害而流离失所的家庭,可能导致宝宝的压力反应系统持续、极端地被激活。反之,安全、和谐、稳定的环境会让宝宝对自己的生活产生掌握感,不会累积有毒压力和恐惧,提升压力反应系统的适应能力。

宝宝的大脑只有在感到安全的前提下,才会放心地发展探索、学习的技能。所以,我们要尽量保证宝宝在生命发展比较关键的前几年,生活在一个比较安全且稳定的环境中。

(3)培养宝宝强大的执行功能和自我调节技能

从个人发展特点来说,促进复原力也需要个人有一套强大的核心技能,以使其成功管理生活、工作和人际关系。哈佛大学儿童发展中心的研究人员将这些核心技能提炼为执行功能和自我调节①(executive function and self-regulation)技能。这些技能对宝宝的学习和发展至关重要,能够帮助宝宝过滤干扰、忍住冲动、确定任务优先级、克服困难、设定和实现目标。青春期之后,他们的大脑就可以利用这些核心技能来有效应对大的挫折和压力。

不过,这些技能不是天生就有的,执行功能和自我调节是比较高级的认知能力,要靠后天的培养以及自身的发展——到二十多岁时才完全发育成熟。对于3岁前的小月龄宝宝来说,可以在日常生活中学习使用这些核心能力。比如,给宝宝提供比较规律的家庭生活。研究

---

① 执行功能和自我调节是个体在遇到认知困难时,为了实现目标而开展各种认知操作和制定策略的能力。

发现，在家中缺乏可预测和稳定的日常生活会使宝宝难以发展执行功能（Schroeder & Kelley，2010）。

一致的可预测的时间表让宝宝知道接下来会发生什么。日常生活中给宝宝制订家庭时间表，每天几点起床、几点吃饭、几点睡午觉、每晚几点一起读书。每次执行的时候告诉宝宝："宝宝，睡觉的时间到啦""吃饭的时间到啦"。不断强化宝宝的时间观念。久而久之，宝宝知道到了什么时间会发生什么事，这种规律的作息习惯会让他们感到安心。这种规律性也帮助宝宝在其他不可预测和不确定的环境中感到安全。

等宝宝两三岁之后，在每天日常活动的制订过程中，你还可以让宝宝主动参与进来，跟他一起制订计划，比如每日计划、学习清单、购物清单、出去吃饭时要遵守的规则清单。通过这样的方式，宝宝就能计划、行动，反思他们的行为并将行为与计划进行比较，以及抵制诱惑和分心。这能让宝宝在每天的耳濡目染中学会如何集中精力做他们可以控制的事情、对设定的限制做出反应以及遵循简单的规则。

参考文献

[1] 高普尼克. 宝宝也是哲学家：学习与思考的惊奇发现[M]. 杨彦捷，译. 杭州：浙江人民出版社，2014.

[2] BOWLBY J. Attachment[M]. 2nd ed. New York: Basic Books, 1983.

[3] BRETHERTON I, MUNHOLLAND K A. Internal working models in attachment relationships: an construct revisited[M]. //CASSIDY J, SHAVER P R. Handbook of attachment: theory, research, and clinical applications. New York: The Guilford Press, 1999.

[4] MELTZOFF A N, WILLIAMSON R A. Imitation: social, cognitive, and theoretical perspectives[M]. //ZELAZO P D. The oxford handbook of developmental psychology: body and mind, volume 1. New York: Oxford University Press, 2013.

[5] PRINCIPE G F. Your brain on childhood: the unexpected side effects of classrooms, ballparks, family rooms, and the minivan[M]. New York: Prometheus Books, 2011.

[6] ROTHBART M K. Becoming who we are: temperament and personality in development[M]. New York: The Guilford Press, 2011.

[7] WERNER E E. What can we learn about resilience from large-scale longitudinal studies?[M]. //GOLDSTEIN S, BROOKS R B. Handbook of resilience in children. Boston: Springer, 2013.

[8] WERNER E E, SMITH R S. Journeys from childhood to midlife: risk, resilience, and recovery[M]. New York: Cornell University Press, 2001.

[9] BOYSSON-BARDIES B, VIHMAN M M. Adaptation to language: evidence from babbling and first words in four languages[J]. Language, 1991, 67(2): 297-319.

[10] BROOKS R, MELTZOFF A N. The development of gaze following and its relation to language[J]. Developmental Science, 2005, 8(6): 535-543.

[11] DE WOLFF M S, VAN IJZENDOORN M H. Sensitivity and attachment: a meta-analysis on parental antecedents of infant attachment[J]. Child Development, 1997, 68(4): 571-591.

[12] FALCK-YTTER T, GREDEBÄCK G, VON HOFSTEN C. Infants predict other people's action goals[J]. Nature Neuroscience, 2006, 9: 878-879.

[13] MELTZOFF A N, MOORE M K. Imitation of facial and manual gestures by human neonates[J]. Science, 1977, 198(4312): 75-78.

[14] NELSON C A, BHUTTA Z A, HARRIS N B et al. Adversity in childhood is linked to mental and physical health throughout life[J]. British Medical Journal, 2020, 371: m3048.

[15] PAULUS M. The Emergence of prosocial behavior why do infants and toddlers help, comfort, and share?[J]. Child Development Perspectives, 2014, 8: 77-81.

[16] PERKINS T, STOKES M, MCGILLIVRAY J et al. Mirror neuron dysfunction in autism spectrum disorders[J]. Journal of Clinical Neuroscience, 2010, 17(10): 1239-1243.

[17] RIFKIN-GRABOI A, KONG L, SIM L W et al. Maternal sensitivity, infant limbic structure volume and functional connectivity: a preliminary study[J]. Translational Psychiatry, 2015, 5(10): e668.

[18] ROCHAT P, GOUBET N. Development of sitting and reaching in 5-month-old to 6-month-old infants[J]. Infant Behavior and Development, 1995, 18(1): 53-68.

[19] ROOPNARINE J L, CHURCH C C, LEYY G D. Day care children's play behaviors: relationship to their mothers' and fathers' assessments of their parenting behaviors, marital stress, and marital companionship[J]. Early Childhood Research Quarterly, 1990, 5(3): 335-346.

[20] SCHROEDER V M, KELLEY M L. Family environment and parent-child relationships as related to executive functioning in children[J]. Early Child Development and Care, 2010, 180(10): 1285-1298.

[21] SUFFREN S, LA BUISSONNIÈRE-ARIZA V, TUCHOLKA A et al. Prefrontal cortex and amygdala anatomy in youth with persistent levels of harsh parenting practices and subclinical anxiety symptoms over time during childhood[J]. Development and Psychopathology, 2022, 34(3): 957-968.

[22] TRONICK E, ALS H, ADAMSON L et al. The infant's response to entrapment

between contradictory messages in face-to-face interaction[J]. Journal of the American Academy of Child Psychiatry, 1978, 17(1): 1-13.

[23] WEBB S J, MONK C S, NELSON C A. Mechanisms of postnatal neurobiological development: implications for human development[J]. Developmental Neuropsychology, 2001, 19(2): 147-171.

后 记

你知道吗？第一批"90后"已经三十而立，迎来人生的新阶段——为人父母，而我正是其中一员。

新手父母有多不容易？头一次当父母，就像新手上路，在育儿的未知之旅上有着各种焦虑。特别是宝宝头3年，是发育关键时期，为了能让宝宝更聪明，妈妈们拼尽全力给宝宝最好的，然而通常费心费力，却达不到自己想要的效果。同为"90后"新手妈妈，我感同身受。即使在儿童教育行业工作多年，即使有理论傍身，在应对养育我家宝宝奇奇的过程中所遭遇的各种养育难题时，我也是忐忑不安。

要是知道给宝宝发展什么，知道该怎么发展，该多好呀！那么，到底怎么做才能不白费心力，轻松培养聪明宝宝，抓住宝宝大脑发育的黄金期呢？幸运的是，生完奇奇我就接到爱贝睿黄金1000天儿童早期发展项目（以下简称黄金1000天项目）的工作任务，跟专业老师一起打磨项目的同时，我和奇奇都受益匪浅。

什么是黄金1000天项目？宝宝出生后的1000天，是大脑发育的黄金期，也是养育过程中最难的阶段。为了帮助父母更好的育儿，爱贝睿邀请国内外知名院校的儿童发展专家、早教老师、儿科医师，在过去5年儿童早期教育实践的基础上，经过近一年研发，推出了黄金1000天这一儿童早期发展项目。该项目针对0～36个月龄的宝宝，结合脑认知科学与移动互联网技术，全面提高宝宝的运动、认知和语言、社会情绪能力，同时改善父母对科学育儿的认知，了解育儿中的关键。不同于其他早教课，黄金1000天项目的核心在于为家庭提供一对一的个性化指导服务，同时借助专业的儿童发展测评工具，全面科学地了解宝宝的发育情况，对宝宝的能力发展进行密切跟踪和干预。

这个项目怎么帮助我和奇奇呢？养育奇奇之后我才发现，育儿过程中会出现很多个性化的问题，根本找不到标准答案。比如，多年的专业学习，我深知大运动的第1个关键指标是"抬头"。很多妈妈知道,让宝宝趴着用摇铃逗宝宝做转动头部的游戏,能锻炼宝宝颈背部的肌肉。说起来简单,可当我把软绵绵的新生儿抱在怀里,看见他目光涣散,头大脖子软时,我不禁怀疑:"这么小的宝宝,做得来追视吗?"跟一对一在线指导老师讨论时,我才知道,在宝宝面前摇动摇铃,有两种情况:一种是宝宝听到声音,会出现表情变化或眼睛追随,但宝宝颈部力量比较弱,转头困难。另一种是宝宝连眼睛都没追随,这时候又要区分来看:可能是宝宝对同一种声音习惯化了,也可能是他对游戏没兴趣。你看,一个简单的追视游戏,实际操作起来却有太多细节要注意。也许每一位儿童教育从业者都能对发展关键能力说得头头是道。但对于操作细节的考量,才是决定养育方法是否有效的关键。所以开发黄金1000天项目的时候,我们格外注重操作细节的打磨。同时,我也深深体会到,每个宝宝成长节奏、个性气质千差万别。因此,在实际养育中,个性化的专业指导非常重要。

另外,作为新手妈妈我也总是格外焦虑。比如宝宝睡觉时,怕他会不会没有呼吸了,时不时凑过去听一听;给他洗澡怕耳朵进水,得中耳炎;稍微晚睡一些就怕他睡眠时间不足,影响发育,等等。有一次我转了一篇孤独症的文章到家庭群,里面有关于孤独症儿童跟人目光接触异常的内容。不一会儿宝宝的外婆就问,我们家宝宝怎么还没有跟我们目光对视呀?我当时也吓了一跳,但是回过神来一想,宝宝当时才2个多月,没有跟大人目光对视是正常的。我跟她解释,这很可能是宝宝视力还没有发育好,看不清楚。但是,怎么说服长辈不担心呢?我就给奇奇做了黄金1000天项目配套的儿童早期发展评估系统,测评结果发现他在社会行为上表现得不错,比如他喜欢被我们抱,我们逗他他会有反应,会自发的微笑。果然到了4个月左右,他的小眼睛已经能盯着我们看了,因为他的视力发育成熟了很多。你看,如果能够比较系统了解宝宝发育的里程碑,那么对宝宝的成长就不会那么焦虑了。对于与长辈共同养育宝宝的过程中可能有分歧、拿不准的问题,该项目也有科学方法支招,缓解隔代育儿矛盾。

不仅如此,我在奇奇的爬行能力上也吃过亏。一开始奇奇手和脚的支撑能力弱,爬行比较费力,奇奇便不喜欢爬行,经常爬两下就哭闹。家人可受不了这个,立刻就抱起来不让他爬了。奇奇就这样哭闹了快一个月,越来越不喜欢爬,我觉得需要干预一下了。但是怎么锻炼宝宝爬呢？其实可以像我们学习游泳一样，帮助他拆解难度，让挑战降低到他能力能够接受的范围内，这在心理学中叫作"搭建脚手架"。比如一开始让他锻炼两个手掌和两个膝盖同时着地支撑一会儿，这叫作四点支撑。等比较熟练后，用玩具吸引他左右手交替去拿，同时抵住他的脚底，让他可以借力。渐渐地，他就知道怎么爬了。宝宝学习翻身、站立、走路、说话等技能，都离不开脚手架。而黄金1000天项目将这些引导步骤都拍成了宝宝活动课，更加方便大家学习。

黄金1000天项目还以宝宝的生长节奏为时间轴，为父母提供养育导航图——家长课。家长课就像是一个经验丰富的过来人，按照不同的月龄阶段给予养育建议和注意事项。有了这张养育导航图，父母可以更好地把握宝宝的发育方向，即使新手上路，也能心中有数。

为人父母，常后悔的莫过于孩子大了，回头看看，发现自己没能在正确的时间做正确的事。或者，用尽全力，走的都是弯路。庆幸的是，在黄金1000天项目的陪伴下，奇奇从可爱又脆弱的小婴儿变成了一个强壮、聪明、有趣的2岁小男孩。而我和家人也受益于这个项目，在育儿中少走了很多弯路，减少了各种不必要的焦虑和育儿矛盾。

为了让更多的父母了解并受益，本书以黄金1000天项目的家长课内容为基础，从大运动、精细运动、认知和语言、社会情绪四大维度，记录了宝宝0~1岁各阶段的核心成长要点。父母能跟随每个阶段的指导，了解宝宝当前的发展特点和自己的养育重点。同时，我和爱贝睿团队从黄金1000天项目的宝宝活动课中，甄选了20多个经典的早教活动，父母可以根据宝宝的月龄挑选对应的游戏，每天花几分钟和宝宝互动，就能轻松抓住发展的关键，提升并巩固宝宝的各项能力。

为人父母，就是一场修行。见证孩子成长的同时，父母也在成长。奇奇成长过程中的每一个小小进步，都让我感到无比骄傲，也让我深深地感受到了父母的责任，以及父母对孩子深沉的爱。孩子的成长只有一次，我希望这本书可以帮助你更好地了解孩子的成长，更好地和孩子互动，让你在育儿路上少一些焦虑、多一份从容。最后，祝愿每一个孩子都能健康快乐地成长！

罗植文

养育新科学

育儿高手：来自脑与认知科学的养育实践

作者：丛书主编 阳志平 王薇 编著　ISBN：978-7-111-71083-7

通俗易懂的科学知识融入 60 个简单有趣的亲子游戏
轻松发展孩子的智力、语言、情绪、运动与创意

母婴互动：0～1岁婴儿能力发展关键

作者：丛书主编 阳志平 罗植文 王薇著　ISBN：978-7-111-73193-1

以 2 个月的月龄为单位
手把手教你和宝宝互动